官邸官僚

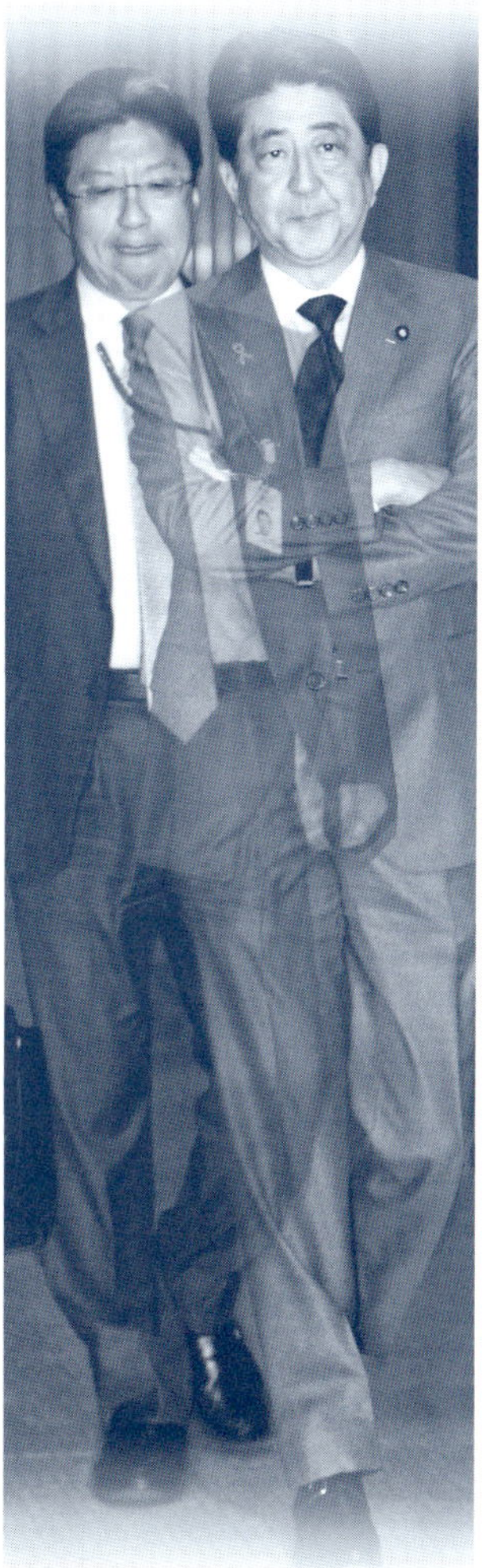

安倍一強を支えた側近政治の罪

森 功

Mori Isao

文藝春秋

官邸官僚　安倍一強を支えた側近政治の罪◎目次

カバー写真　共同通信社
装幀　石崎健太郎

はじめに

自民党が民主党から政権を奪い返した二〇一二年十二月から数えて、早くも六年半が経つ。どうしてこんなに政権が長続きしたのか。第二次安倍晋三内閣の発足以降、政府で起きた出来事をよくよく振り返ると、無気味な気配すら感じる。わけても二〇一七年から一九年にかけ、数え切れない霞が関の不祥事が零《こぼ》れだした。その不祥事の根は政権が誕生して間もなく育ち始め、大きく広がっているように見える。

通常国会を賑わした厚生労働省の毎月勤労統計問題も、例外ではない。これまで一般にあまり馴染みがなかった厚労省の調査が、国会論戦により労働者の賃金の動向を示す重要データとして、すっかり知られるところとなった。景気回復をアピールしようとした「アベノミクス偽装」と野党から追及された厚労省の調査そのものは、〇四年から続いてきたという。それが政治的な臭いのする統計データの不正として露《あら》わになる。いかがわしいデータ操作のきっかけは、一五年三月の首相秘書官のひと言から始まっている。

毎月勤労統計の調査対象企業は、およそ三万事業所ある。対象企業のうち、従業員が三〇～四九九人の中規模事業所が半数を占めている。従来、それらの企業については、厚労省が二～三年ごとにすべてを入れ替えながら、サンプルとして抽出することになっていた。が、このサンプルの全とっかえ方式だと、ときにデータ数値が大きく振れる。

折悪く一五年の一月のサンプル入れ替えがそれにあたった。安倍政権がアベノミクスによる景気回復を謳いながら、賃金増減率がプラスからマイナスに転落した月が出てきた。三月三日にその速報値が集計され、四月三日には、確報値として公表しなければならなかった。首相官邸が動いたのは、この間の三月末頃だとされる。

「データの取り方に問題があるのではないか」

そう厚労省側に詰め寄ったのが、財務省から出向して首相の秘書官を務める中江元哉だった。官邸の参事官から情報を得た中江が、厚労省統計情報部長の姉崎猛に説明を求めたという。

調査を改めるべきではないか。それが、国会で取り沙汰された首相秘書官中江の「問題意識」である。素直に受けとめれば、これまでのサンプルの全とっかえ方式から一部の入れ替えに調査を改めたらどうか、という提案だ。政府は言葉を濁すが、その後の経過を見ると、それは明らかというほかない。

事実、厚労省は首相秘書官の「問題意識」を調査に反映させるべく、行動していく。まずは六月三日、有識者会議「毎月勤労統計の改善に関する検討会」の初会合を開き、そこで従来なかった事業所の入れ替え方法について議論が始まった。九月三日には、秘書官の中江から首相の安倍にその説明がなされ、続く十六日には「検討会」がその中間とりまとめとして、事業所入れ替え方法の「引き続き検討」という方針をうち出した。

さらに翌月の十月十六日には、首相の諮問機関である経済財政諮問会議で財務大臣の麻生太郎が調査を改めるよう、側面支援する。

「（総務省の）統計委員会で、ぜひ具体的な改善方策を早急に検討していただきたい」

その甲斐あって総務省の統計委員会でも議論が始まった。もう少し時系列で動きを追うと、総務省は明くる一六年三月二十二日、調査対象の全事業所の入れ替えから部分入れ替えへの報告書をまとめ、それを引き取った厚労省が十月二十七日、部分入れ替えへの変更を総務大臣に申請した。

そして一七年二月十三日、厚労省の申し入れを総務大臣が承認し、一八年一月、厚労省が部分入れ替え方式を導入した。

これはあくまで従業員四九九人までの中規模事業所のサンプル調査の件だ。のちにアベノミクス偽装だと追及されるデータ不正は、東京都にある従業員五〇〇人以上の大企業のサンプル調査のことを指すが、むろんそれらは無縁ではなく、一連の動きの中にある。

元来、厚労省は従業員五〇〇人以上の大規模事業所について全数調査すると定めてきた。なのに〇四年以降、三分の一のサンプル調査で済ませてきたのだが、大規模事業所の調査についても、従業員四九九人以下の中規模事業所の調査変更に合わせ、方法を変えている。同じように一部のサンプルを入れ替えたうえで、ひそかにサンプルデータの数値を三倍にする補正をおこなった。結果、一八年の労働者の賃金があがった。これが、野党によるアベノミクス偽装批判の所以《ゆえん》である。

秘書官をはじめとした首相の分身である官邸官僚たちが、霞が関の中央省庁に働きかけ、無茶な政策を実現させていく。安倍政権でしばしば見られた光景である。官邸による威光がまかり通り、それがときに不祥事として噴出してきた。

だが、いざことが表沙汰になっても、官邸の主は、われ関せず、を決め込む。

「厚労省で検討がおこなわれていたことも、最近になって初めて知ったところです。私からは何ら指示をしていない」

国会論戦のなかで首相の安倍は自らの関与を頑なに否定した。それもまた、森友・加計学園問題などで見慣れた光景といえる。

この数年来、恐ろしくもあり、最も印象に残った出来事がある。それが、森友学園問題における朝日新聞のスクープに関する政府の対応だ。

〈森友文書、財務省が書き換えか　「特例」など文言消える〉

そう題し、朝日が二〇一八年三月二日の朝刊一面トップで報じた。大阪・豊中市に小学校を建設中だった森友学園の国有地払い下げをめぐり、窓口となった財務省の決裁文書が改ざんされていたという。公文書の偽造、変造という犯罪を匂わせる報道だ。

記事が出るや、世間は騒然とし、政府、与党が対応に追われたのは、記憶に新しい。

「朝日は証拠を握っているのか。ここまで書くなら、物証を示すべきだ」

という頓珍漢な論評もあったが、記事そのものは見事というほかない。やがて記事にある事実が、国民の前に明らかになる。

もっとも、私が恐ろしく感じたのは、無茶な報道批判ではない。仮にこの財務省文書の改ざん報道がなかったらどうなっていたか、という点である。

報道を受け、一八年の春先から、大阪で検察まわりの取材を試みた。すると、大阪地検の関係者や地元記者から、次のような声が漏れ聞こえてきた。

「大阪地検の予定では、（一八年）三月の年度末をもって森友学園事件の捜査を不起訴処分にして終わらせるつもりでした。そのスケジュールが朝日新聞の報道で狂ったのです」

くだんの捜査は、国有地の値引きをめぐる財務省の背任に対する第三者の告発から始まっている。大阪地検特捜部が一七年四月、豊中市議らの告発を受理し、捜査に着手した。一〇年前なら警察や検察への告発に対し、当局が受理せずに捜査すらおこなわないケースも珍しくなかったが、昨今は司法改革の一環として表向き捜査を尽くすことになっている。したがって森友学園捜査についても、告発を受け、地検特捜部が捜査を始めたわけである。

そこから一年が経った。そして朝日の報道により、理財局長だった佐川宣寿《のぶひさ》をはじめ、財務省幹部が、首相夫妻に都合のいいように公文書改ざんにまで手を染めていた事実が白日のもとにさらされる。国民はさすがに目をむいた。

皮肉にも、厚労省の村木厚子に関する証拠改ざん問題以降、すっかり威信が地に落ちた大阪地検にとって、ときの首相夫妻の関与が取り沙汰された森友学園の捜査は、本来なら汚名返上のチャンスでもある。

だが、結果的に見ると、森友学園関連の捜査は籠池夫妻の補助金詐欺などを除き、すべて不発に終わった。改ざんの中心人物だった佐川は何の刑事罰にも問われず、退職金まで手にして財務省を去った。そのことに憤った向きも少なくないだろう。

もっとも、そうした一般の感覚と捜査関係者のそれには、かなりのズレがあった。捜査上でいえば、告発の対象は背任容疑であり、公文書の改ざんはあくまで本線ではない。いきおい大阪地検は、財務省が八億円あまりも値引きして国民に損をさせた罪での立件を目指した。公文書の改ざんは、本丸の背任捜査の過程で発見された副産物という位置づけだ。

むろん特捜部としては告発を受けた以上、捜査を尽くさなければならないが、世間からさほど期待もされていなかったせいか、大阪地検の捜査はいま一つ注目もされず、取材するマスコミもあまり盛りあがらなかった。そんな沈滞ムードのなか、大阪地検の特捜検事たちは二〇一七年四月以降、関係者の取り調べを繰り返してきた。

周知のように、森友学園に対する国有地の払い下げについては、国土交通省大阪航空局と財務省近畿財務局の二局が所管してきた。国交省が所有者として森友学園に土地を売却し、その売却の交渉窓口が財務省だ。一般の不動産取引にたとえると、地主と仲介業者の不動産屋のような役割を担っていることになる。半面、国有地の売却益は国庫の財産を管理する財務省理財局に納められる。霞が関の序列からしても、取引は財務省が主導し、国交省が財務省の意向に従うという構図になった。財務省が主で、国交省が従だ。

ただし、捜査となると、むしろ主従の従から攻め落とすべく、情報を得るのが常道でもある。実際、一七年の四月から七月にかけた当初の三か月、捜査は大阪航空局や国交省本省の航空局の幹部職員に対する事情聴取が中心となった。当時の状況について、ある政府関係者に聞くと、こう話した。

「その時期、すでに国交省では一〇人以上が地検の取り調べを受けていました。大阪地検の検事が東京地検に出張し、一人あたり週に二度のペースで、八時間から一〇時間の事情聴取をおこなっていた。そのため国交省は弁護士に相談してアドバイスを受けながら、検察対応をしてきた。基本的に幹部職員は正直に話す方針でした。国交省側には、森友の取引が財務省からのやらされ仕事みたいな感覚があった。なので、捜査に協力したはずです」

森友学園に対する国有地払い下げについては、ゴミの埋蔵がおよそ八億円の土地値引きの根拠となっている。三・八メートルより深いところにゴミが埋まり、最深九・九メートルのところからも発見されたことになっていた。真偽は別として、それを前提に、国交省大阪航空局がゴミの埋蔵量を試算し、財務省近畿財務局がその処理費用として、土地の値引き額を八億円とはじき出した。

国交省がやらされ仕事だと考えたのは、初めから値引きありきで、数字合わせをやらされたという意味だろう。事実、のちに会計検査院もその疑いを指摘し、八億円値引きの根拠が次々と崩れていったのは報道されてきたとおりだ。

仮に土地にかかるゴミの撤去費用が一億円なら、国は差し引き七億円を森友学園側に提供した計算になる。国に対する損害を与えたことになる一方、捜査当局が背任という犯罪を証明するには、犯行の意思を立証する必要がある。動機の解明も不可欠だ。そのポイントが、首相夫妻と土地取引とのかかわりである。難しい捜査だったのも事実だ。

そうして背任捜査に行き詰まっていた頃、特捜部がつかんだ事実、それが、財務省の公文書改ざんだったのである。改ざんは、財務省近畿財務局のパソコンにその痕跡があった。一七年夏から秋にかけ、パソコンのデータ解析を進めた結果、決裁文書の改ざんに行きあたったという。そこから大阪地検では、背任捜査の一環として、公文書の偽造、変造に関する証拠固めをおこなっていった。特捜部としても、文書の改ざんだと立件しやすい。地検の関係者を取材すると、こう説明してくれた。

「さすがに文書改ざんにおける官邸や財務省内の指揮系統については、まだ踏み込めていなかったでしょうが、少なくとも特捜部は一七年の内に改ざんの事実関係を固めていたはずです。近畿財務局だけではなく、財務省本省の理財局や国交省本省も捜査の対象だった」

そうして大阪地検が政権中枢に切り込む期待が高まっていった。少なくともマスコミを含め、検察ＯＢたちは密かに巨悪に立ち向かう特捜部の復活を期待した。

だが、その実、大阪地検には、もともとそんな気概などなかったのかもしれない。やがて捜査の空気はしぼんでいった。大阪地検のやる気のなさから来るのか、政権への忖度なのか、そこはわからないが、大阪地検の捜査が立件に向かわなかったのはたしかだ。先の大阪地検関係者が言葉を足す。

「森友捜査には、告発を受けて間もなく、東京近郊の地検検事が合流し、関係者の取り調べを進めてきました。しかし大阪地検特捜部の山本真千子部長には、最初からやる気を感じませんでした。一七年七月の異動を見込んでいた彼女は、森友の告発があったせいで昇進が延びてしまった、と残念そうで、だからさっさと事件を終わらせたい、という雰囲気がありありでした。それでは現場の士気が高まるはずはありません。それで（二〇一八年）二月中には、東京近郊の応援検事の異動が決まっていました。しょせん大阪地検に大きな流れを変える力なんかなかったし、応援検事たちを年度が替わる四月に元の職場に戻し、七月には山本特捜部長も地方の検事正に昇進すると決まっていたのです」

そんな折、飛び出したのが、三月二日の朝日新聞朝刊の一面スクープだったのである。既報のとおり、消された決裁文書から安倍夫人の関与がはっきりと浮かんだ。おまけに財務省が国有地の値引きに関し、森友学園に対する口裏合わせをしようとした事実まで明るみに出た。下火になりかけた森友疑惑が、少なくとも公文書の改ざんという現実の犯罪行為として国民の目に映ったのである。

ここまで夫人の関与がはっきりすれば、大阪地検としてむろん放置できない。朝日の報道があって以降、東京にいる応援検事の異動延長を決め、いったん捜査を仕切り直した。

「問題は特捜部の体制でしょう。捜査の本丸は財務省の背任であり、そこに総理あるいは総理の周辺の共犯関係を立証しなければ、捜査は完結しない。その意味でハードルの高い捜査ではあります。しかし、一連の捜査で文書の改ざんを見つけた大阪地検は、そこから捜査を進め、財務省の背任を固めることができたのではないでしょうか。背任に手を染める過程で、そこまでして総理周辺を庇おうとしたということを立件する。それも、不可能ではない気がします」

まだ不起訴と決まっていない段階で、ある高検検事長経験者に意見を求めると、こうつぶやいた。捜査の焦点は、理財局長として文書改ざんの中心的な役割を果たしてきた佐川に対する扱いだ。逮捕・起訴、あるいは身柄を拘束しない略式起訴もある、と囁かれた。

略式起訴の罰金刑で終われば、ことの真相は葬られるが、仮に当人を逮捕・起訴すれば、大阪地検は少なくとも公判の過程で、なぜ犯行に手を染めたのか、誰の指示があったのか、それらを明らかにしなければならない。事件の核心の解明が進むのである。

しかし特捜部は、逮捕どころか、略式起訴すら見送った。換言すれば、大阪地検が真相解明を避け、捜査の幕を引いた結末ともいえる。

五月三十一日、大阪地検特捜部長の山本は、前理財局長の佐川をはじめ告発された財務省関係者ら三八人全員に対する虚偽公文書作成罪などの起訴を見送ったと記者発表した。三〇〇か所におよび公文書の改ざんについて、削除された箇所が国有地売却に関する決裁をねじ曲げたものではない、という理屈だ。それで国民が納得できるはずもない。なにより、公文書の偽造・変造のみでも立件できる余地はあるとみる特捜部経験者もいた。こう漏らした。

「財務省の改ざん文書は国会議員に真正な公文書として提出されたものです。国権の最高機関である国会を騙し、書き換えた文書を本物として提出したことによる、本筋の変造ととれなくもない」

ニセの公文書を提出しておきながら、何の咎めもないのである。

なにより恐ろしいのは、朝日新聞のスクープがなければ、三月に告発が不起訴として処理され、終結していたことになる。財務省の公文書改ざんをはじめ、どのように首相夫妻が関係していたか、という事実が世に問われることもなく、密かに闇に葬られた危険性が高いのである。

二〇一七年春先から続いた森友国会をしのいだ佐川は、国税庁長官ポストを射止めていた。さすがに事件後は辞任に追い込まれたが、懲戒解雇でもない。退職金もさして値引きされることなく、現在にいたっている。

また財務省の公文書改ざんが発覚した翌四月には、事務方トップの事務次官だった福田淳一のセクハラ問題が浮上し、当人が辞任に追い込まれた。財務省内の見苦しい対応は目を覆わんばかりだった。さらには七月、首相秘書官当時、加計学園問題に関係していた経済産業審議官の柳瀬唯夫が退任した。他にも、防衛省日報隠蔽や厚労省の裁量労働制に関するデータ改ざん、文部科学省接待汚職など、霞が関の高級官僚の不祥事が相次いだ。

霞が関では、過去にもリクルート事件や大蔵省過剰接待事件など、官僚が関与した多くの不祥事があった。しかし、今度のそれは今までとは質を異にするように思えてならない。

安倍晋三一強体制の歪み――。

一連の高級官僚の不祥事の原因として、そう言われて久しい。指示なのか、忖度なのか。その問題はさておき、霞が関の官僚たちがかつてないほど首相官邸の支配下に置かれている実態は、疑いようがない。首相を守ろうとした挙句、自ら巡らした策略の陥穽にはまり、犯罪行為すれすれの行為を繰り返している。

官邸の主を守り通すという、ある意味の使命感を最も強く抱いている役人集団が存在する。

「総理が自分の口からは言えないから自分がかわって言う」

加計学園の獣医学部新設問題では、新設の認可を渋る文部科学事務次官の前川喜平に対し、首相補佐官の和泉洋人がそう詰め寄った。文字どおり首相の代理人を自任しているかのような発言といえる。

国交省のキャリア官僚だった和泉は第二次安倍政権の発足以来、役所を離れて八面六臂の活躍をしてきた。あくまで黒子に徹しているため、その実像はほとんど伝えられてこなかった。職場を官邸に移すにあたり、国交省を退官しているので、厳密にいえば現役の役人ではないが、本書では彼らを含めて「官邸官僚」と呼ぶことにする。和泉は代表的な官邸官僚の一人といえる。

彼ら官邸の〝住人〟たちは、ときに首相や官房長官になり代わり、水面下で政策を遂行してきた。おかげで次代を担う若手政治家の姿が見えなくなってしまった。

第一章　総理を振り付ける「首席秘書官」

総理の分身

あるものをない、と虚言で取り繕い、あとから弥縫《びほう》策がばれて泡を喰う。二〇一七年に入って以降、長らく世間を驚かせた森友・加計問題の国会答弁を例に引くまでもなく、この数年来、国民は見るも無残な官僚たちの姿を目のあたりにしてきた。財務事務次官だった福田淳一のセクハラ騒動における対応なども、その一つだろう。

「(被害者が）弁護士さんに名乗り出て、名前を伏せておっしゃるということがそんなに苦痛なことなのか」

財務省官房長を務める矢野康治の言い逃れは、耳をふさぎたくなったほどだ。

財務省の事務方トップによるセクハラ騒動は、二〇一八年四月十二日に発売された「週刊新潮」の記事が火をつけた。だが不祥事は実のところ、個人スキャンダルに過ぎない。しかも週刊新潮が音声データを公表する事態などは、誰もが予想できた。雑誌が世に出た段階で潔く次官の辞任を表明すれば、財務省へのダメージはここまで大きくなかったはずである。とどのつまり問題を大きくしたのは、財務省の対応の拙《つたな》さというほかない。

雑誌の発売から週をまたいだ騒動のさなかの四月十六日、産経新聞が朝刊一面で「福田淳一財務次官 更迭へ」と報じたことがあった。永田町では、首相の政務秘書官である今井尚哉《たかや》がこの記事を誘導したと伝えられる。しかし、政府の対応はこれ以降もますます迷走し、辞任表明までなお二日を要した。

今井は安倍政権を支えてきた屋台骨といわれて久しい。経済産業省のキャリア官僚であり、第一次安倍晋三政権時には広報を担当する事務秘書官として首相に仕えた。政権が倒れ、失意のどん底にあった当人の山登りにも付き合い、安倍の信頼を得た。政権にカムバックさせた功労者の一人として知られる。

「今井ちゃんはなんて頭がいいんだ。本人の頭の中を見てみたい」

首相自身が手放しでそう褒めちぎってきた。今井は感服しきりの官邸の主になり代わり、政権内で剛腕を振るってきた。

日本の歴代首相には、今井のような政務秘書官とは別に、霞が関の官庁から官邸に派遣された四人ないし六人の事務担当秘書官が仕えてきた。事務秘書官は文字どおり、行政における政策面で首相を補佐しなければならない。そのために主要官庁からエリート官僚が選抜されている。

一方、従来の首相政務秘書官のパターンは、議員事務所のナンバーワン秘書がその地位に就いてきた。政務秘書は首相の私生活はもとより、家族のことまで気を配り、悶着が起きればことにあたる。したがって首相になる以前からずっと寄り添ってきた事務所のベテラン秘書が、その任に就いてきた。

だから、政務秘書官に官僚あがりが抜擢されるケースはそうはない。二〇一二年十二月の第二次安倍内閣発足と同時にその任に就いた今井は、官房長官の菅義偉《よしひで》と並び、内閣の要《かなめ》として政権を支えてきた。第二次政権発足当初のアベノミクスからはじまり、原発再稼働やインフラの海外輸出、消費税一〇%の先送り、さらには戦後七〇年の首相談話にいたるまで、政務秘書官の今井は、安倍政権の重要政策すべてにかかわってきたと言っても過言ではない。単なる秘書官が、なぜこれほどまで政府の政策を差配できたのか。それはしごく単純な話だ。首相の安倍が今井に頼り切っているからである。

ときに首相に反発する相手を強引にねじ伏せる。今井尚哉は、自他ともに認める「総理の分身」である。本人が経済産業省出身であることから、「経産内閣」「今井内閣」とまで呼ばれてきた。

不発のアベノミクス第二ステージ

生来、経産官僚だった今井の得意分野は、経済政策だといわれる。実際、第二次政権発足にあたって打ち出した「アベノミクス」なる経済政策を導いてきた。「大胆な金融政策」「機動的な財政政策」、そして「民間投資を喚起する成長戦略」をあわせ、三本の矢と称したアドバルーンを掲げた。その一本目の金融緩和政策は、二〇〇八年に起きたリーマン・ショックという世界同時不況後の景気循環が幸いしたともいわれるが、おかげで円安が進み、日本企業の株価があがった。

しかし、金融緩和はあくまで一時的な緊急避難策に過ぎない。莫大な借金を抱える日本の財政政策にも限界があり、将来的な経済成長は見通せない。政権にカムバックして二年、二〇一四年十二月の総選挙を経て発足した第三次安倍内閣に突入しても、なかなか成果が見えなかった。

そうして二〇一五年秋の自民党総裁選を前にした安倍晋三は、新たなアベノミクスというアドバルーンを掲げた。

「アベノミクスの第二ステージ」

九月二十四日、自民党総裁選再選の記者会見で首相自らそう胸を張った。それが、「経済成長年三％で名目国内総生産（GDP）六〇〇兆円」「出生率一・八」「介護離職ゼロ」の達成を目指すという新三本の矢である。安倍はついでに、「一億総活躍社会」なるスローガンまで掲げた。この新アベノミクスをつくったのが、今井であり、古巣の経産省が素案づくりを担った。

「来る（九月十九日の）安保関連法の成立とTPP（環太平洋パートナーシップ協定）の合意ができたら、次は経済問題に取り組むという政府の方針があり、だいぶ前から新アベノミクスづくりは必要だとして、検討されていました。しかし、八月中に予想されたTPPの合意が十月にずれ込み、安保法案審議も揉めに揉めた。おまけに総理が再選を目指した総裁選には、野田聖子さんの出馬が取りざたされました。そうしてドタバタしながら、官邸（今井秘書官）から、うちに素案づくりが降ってきた（指示された）のです」

経産省の中枢幹部がこう打ち明けた。

「政務秘書官は小さな個別政策にはあまり口を出しませんが、三本の矢や成長戦略など、大きな政策は取り仕切る立場にある。したがって今井さんから素案づくりを指示されるのは覚悟していました。ただ、経産の素案には、一億総活躍という表現は入れていないし、ＧＤＰの六〇〇兆円という数値目標も書いていません。あれはわれわれではなく、今井さんから出た言葉です」

予定していたにもかかわらず、新アベノミクスは相当な突貫工事で作成された。一億総活躍社会という珍妙なスローガンは、まさに今井秘書官の発想である。事実、経産省案を元に、今井が首相と膝を突き合わせて仕上げた政策だと、ある官邸関係者は話す。

「若い頃、自民党の厚生部会長を務め、厚生族議員である総理は、今井秘書官に社会福祉関係の政策を前面にうち出すよう頼んでいました。そこで新三本の矢に出生率アップや介護離職改善という政策が盛り込まれることになった。そして経産省からあがってきた素案に対し、総理から『わかりやすい（目標）数字を入れてください』と指示された今井秘書官が、ＧＤＰ六〇〇兆円、出生率一・八達成、と数字を弾いたのです。そこから数字の根拠になるデータを集めるよう、今井秘書官が慌てて関係省庁に指図していました。今井秘書官は、経産省の素案を受け取ってから事実上、一〜二日で新アベノミクスを仕上げました」

安倍政権では、新設の大臣ポストを組閣の目玉にしてきた。このときは、一四年九月に発足した第二次安倍改造内閣の地方創生担当大臣と似たような発想で、「一億総活躍担当大臣」なる国務大臣を設置し、そこに加藤勝信が任命された。

もっとも「一億総活躍」といっても、あまりに漠然とし過ぎていて、いったい何をやるのか、さっぱりイメージがわかない。新アベノミクスに対しては、経済界から「三％の経済成長なんて不可能」と酷評され、身内の自民党内からさえ「言葉遊びの上滑りな政策」と手厳しい声が上がってしまう。

だが、剛腕秘書官には、まったくめげる様子がない。

「今度のアベノミクスは、安保から国民の目をそらすことが目的なんだ。心地よく受け止められるより、悪い評判のほうが印象に残りやすいので、そのほうがいいんだ」

当人は、自らつくった新アベノミクスの悪評を突かれると、そう嘯《うそぶ》くのが常だったという。安保法制の強行審議により内閣支持率が下がる一方なのはたしかだが、今井自身はよほどの自信家なのか、負けず嫌いなのか。まるで意に介さず、唯我独尊の態で番記者たちにこう言い放っていた。

「チョンボがあれば、どんどん指摘してくれ」

そのうえ政務秘書官である今井は、霞が関の元官僚として行政面で首相を支えながら、首相のプライベート面まで処理してきた。エリート官僚として独自の政策を立案し、安倍ファミリーの身辺にも心を砕く。妻の昭恵や母親の洋子とも非常に近い存在である。

それゆえ、首相夫人が深くかかわっていた森友学園や首相の友人が理事長を務めている加計学園の諸問題にもその影がちらついてきた。いきおい森友・加計案件で揺れた国会においても、野党から疑惑解明のキーパーソンと目されるようになり、証人喚問を要求されてきた。

いわば政府の重要政策と首相の私生活、両方の任務を担ってきたといえる。それが今井尚哉という官邸官僚である。

失意の底から救った

今井尚哉は一九五八（昭和三十三）年八月、栃木県に生まれた。新日鉄元社長で経団連会長まで務めた今井敬《たかし》の甥なのは知られたところだが、元通産次官の今井善衛《ぜんえい》も当人の叔父にあたる。二人の財界、官界の大物たちを叔父に持ち、早くから永田町や霞が関でサラブレッド視されてきた。今井本人は、宇都宮市内の平凡な勤務医の息子として育った。栃木県立宇都宮高校を卒業後、一浪して東大法学部に進んだ。八二年四月に旧通産省入りした。入省後は本流である産業政策畑とエネルギー畑を歩む。入省後間もなく、将来の事務次官候補の一人と目されてきたエリート官僚である。

省庁再編後の経産省では、経済産業政策局政策企画官を経て二〇〇二年七月に同局企業行動課長に就任した。そこから資源エネルギー庁資源・燃料部政策課長に就き、第一次安倍政権が発足した〇六年九月、事務担当の内閣総理大臣秘書官の任を担った。それが安倍晋三との最初の出会いだ。この第一次安倍政権で今井は安倍の信頼を得たのだ、と先の官邸関係者が言う。

「総理は最初知らなかったけれど、ある日、お祖父さんの岸信介が商工大臣だったときに秘書官を務めた今井善衛の甥だ、と気付いた。そこから二人が急接近していきました。総理は一次政権のときから秘書官のなかでは、今井さんと警察庁出身の北村滋さん（現内閣情報官）をそばに置き、外務省の林肇（前欧州局長）、財務省の田中一穂（元事務次官）の両氏などとはあまりコミュニケーションをとらなかった。今井、北村の両人は口八丁手八丁タイプというか、一を言ったら十を悟るような人たちなので、安倍さんも頼りがいがあると感じたのでしょう。とりわけ今井さんは若い頃から経団連をはじめ財界の窓口だったので、経済人の受けもよい。総理と親しいウシオ電機の牛尾治朗会長なども、『いいのがいる、晋三、あいつを使え』と推していました」

先に政務秘書官に官僚あがりは滅多にいないと書いたが、第一次安倍政権では、ノンキャリの官僚ながら安倍の官房副長官時代に事務秘書官を務め、政務秘書官に抜擢された井上義行という稀有な存在もいた。現在、参議院議員になっている井上が、振り返った。

「今井さんは経産省出身の事務秘書官として、第一次政権で広報を担当していました。印象に残っているのは、〇七年夏の参院選に負け、（退陣直前の）内閣改造後の所信表明を巡ってのことです。新たな旗印として道州制を掲げましょうと、僕が総理に申し上げた。すると、周囲からは『また新しいことをやるのか』と批判があがりました。しかし、今井さんだけは『私も同感です』

とその挑戦に賛同してくれた。明るくて、仕事がよくできました」

井上はノンキャリではあるが、首相のそばにいて内閣を取り仕切ってきた。官邸官僚の走りだといえるかもしれない。反面、自身は第一次政権において、お友だちを優遇する馴れ合い内閣の象徴のように非難された。井上の振る舞いが、一次政権が崩壊する要因になった事実もまた否めない。井上は第一次政権の崩壊で職を失い、安倍の友人が経営する学校法人「加計学園」の客員教授として糊口をしのいだ。井上にとって安倍は恩人という以外にないだろう。

かたや当の安倍はといえば、二〇〇七年九月に第一次政権が幕を閉じると、まさに打ち沈んだ。難敵は潰瘍性大腸炎という病魔である。高校時代から悩まされ、難病指定されている病気だけに、誰もが政界での再起を危ぶんだ。

そんななか今井は同じ経産官僚の長谷川榮一とともに、安倍を励まし続けた。長谷川の発案で東京都下の高尾山登山に誘い、三人で山道に挑戦した。運よく特効薬「アサコール」が発売され、それが効いたのかもしれない。安倍はおよそ六〇〇メートルある高尾山の頂上まで登れるようになった。おかげで健康面の自信を回復したとされる。

そうして安倍はますます今井を信頼した。のちに第二次安倍政権の政務秘書官として今井を招聘するのはある意味で必然だったといえるが、エネルギー政策を担う経産エリート官僚の今井自身もまた、この間、大きな転機を迎えていた。

原発再稼働の根回し

　自民党が下野し、民主党が政権を握って間もない二〇一一年三月、東日本大震災が起き、日本のエネルギー政策が大きく変わった。言うまでもなく、原因は東京電力福島第一原子力発電所の事故である。当然のごとく民主党政権は脱原発に舵を切り、原発を推進してきた経産省・エネ庁は、その対応に迫られた。

　原発政策で揺れるこの年の六月、今井は貿易経済協力局審議官のまま、資源エネルギー庁の次長に就任する。将来の次官コースの一つでもあるエネ庁次長になった今井は、日本の原発政策の中枢を担い、今後の対応に奔走した。関係三閣僚に官房長官と官房副長官を加えた「三プラス二会合」に官房副長官として参加し、原発政策の検討を重ねてきた齋藤勁は、この会議で説明する今井が強く印象に残っていると話した。

「ちょうど夏の電力需給逼迫に備え、(福井県の関西電力)大飯《おおい》原発の再稼働について対策を練っているところでした。高原一郎さんがエネ庁長官で、次長が今井さん。でも、彼が前面に出て話す場面が多かった。日本中の原発の機種から停止状況、今後の計画にいたるまで、彼の頭の中に入っている。何を聞いてもスラスラ答えるので、舌を巻きました」

　平たくいえば、今井の役割はいかに脱原発派を抑え込み、原発を再稼働に導くかにあった。折しも原発事故の翌一二年、大飯原発三、四号機の再稼働を巡り、大阪や京都、滋賀など関西の二府五県の自治体で結成された広域連合が大飯原発の再稼働に反対し、大揉めに揉めた時期にあたる。

「原発事故があったからとはいえ、即ゼロは無責任でしょうし、考えにくかったのも事実でした。ただ、大飯の再稼働は、今井さん抜きではありえなかっただろうと思います」

齋藤はそう言った。関西では大飯原発再稼働を巡る議論が沸騰した。

「社会的、道義的に地元の理解を得るのは必要なプロセスだ」

そう訴えてきたのが、滋賀県知事の嘉田《かだ》由紀子だ。大阪市長だった橋下徹もまた、時流に乗って脱原発に舵を切った。橋下は、原発担当大臣だった細野豪志《ごうし》に詰め寄った。

「大飯原発の安全性は暫定にすぎない。政府はこれを認めるのか」

この間、民主党も割れた。経産省からストレステストを踏まえた安全基準を提示され、細野たちは再稼働容認に傾いていった。別の三プラス二会合の参加メンバーの一人が打ち明けた。

「三プラス二会合に官房副長官として参加していた仙谷由人《せんごくよしと》さんを含め、関係閣僚たちを籠絡したのが、ほかでもない今井さんでした。宇都宮高校の後輩にあたる枝野さんにも近づこうとした。さすがに枝野さんとの溝は、さほど埋められなかったようですが、関西広域連合にまで根回しをし、それは徐々に功を奏していったのではないでしょうか。会議を欠席しているな、と思ったら、関西に行っている。滋賀県の嘉田さん、大阪の橋下さん、単独で掛け合って説き伏せていきました」

実際、脱原発の急先鋒の両人が、夏前になると急に方針転換する。いったい何があったのか、当の前滋賀県知事嘉田に尋ねた。

「四月の上旬、『目立つ県庁ではなく、極秘に会いたい』というので、知事公館で今井さんとお会いしました。今井さんはブラックアウトの危険性と同時に、経済や人命への影響を強く説かれていました。『知事として行政の役割を果たすべきだろう』と説得されました。私は原発再稼働に反対だと突っぱねながら、二度ほど濃密な接触がありました。ああ見えて枝野さんは再稼働反対、賛成とコロコロ変わる『日替わり枝野』で、野田首相は賛成派。首相のバックにいるのがこの人（今井）だなと感じました」

こう率直に答えてくれた。

「ピーク時の真夏の消費電力三〇〇〇万キロワットが、その後二五〇〇万キロワットまでカットできるようになりましたけど、あのときは先行きが見えませんでしたから、折れる以外になかったのです。考えたら、雷や台風で停電しても酸素吸入などはちゃんと手当てできている。もう一度お会いする機会があれば、今井さんに訴えたいものですが、こういう賢い人が国を動かしているのですね」

そしてもう一人、再稼働反対の急先鋒だった橋下も豹変する。

「それも今井さんによる説得だと思います。橋下さんは四月十九日の関西広域連合の会議で、暫定的な限定再稼働をすべきと言い出しました」（嘉田）

維新の党の幹部だった人物に聞くと、実は橋下と今井の橋渡しをしたのが、民主党元代表の前原誠司なのだと明かした。

「橋下さんには勢いがありましたから、今井さんが必死で止めに来たわけです。前原さんと橋下さんは月に一度のペースで東京で勉強会を開いていて、そこに今井さんが顔を出し、原発の重要性を説いた。カラー刷りの詳しい資料を橋下さんに渡していました。橋下さんは結局、民主党の前原さんや細野さんとの将来的な連携を考え、原発ゼロの看板を下ろしたのです」

互いの思惑はともかく、あの橋下を説き伏せるのだから、説明能力の高さは誰もが認めるところだろう。大飯原発の再稼働を実現した今井は、やがて「経産省に今井あり」と評判が立っていった。同じく原発再稼働に奔走した前エネ庁長官の日下部聡や現事務次官の嶋田隆とともに、一九八二年の同期入省組は「経産三羽烏」と呼ばれた。

そして安倍晋三は政権の奪還にあたり、今井を政務秘書官として官邸に迎えようとした。かたや今井自身も第一次政権時から安倍に心酔してきた。二〇一二年十二月の総選挙を前にした十一月、二人のあいだで政務秘書官就任を話し合った、と先の官邸関係者は言った。

「総理はずっと口説いていて、そのあと『やっと今井ちゃんが、ＯＫしてくれたよ』と嬉しそうに話していました。ちょうど安倍事務所ではベテランの政策秘書がとつぜん辞め、人材がいなかったという事情もあったと思います。でも、それ以上に総理の今井さんに対するほれ込みようは尋常ではありませんでした」

そうして今井は、文字どおり首相の分身として、重要政策を決めていくようになる。

虎の威を借るキツネ

「政務秘書官の立場は、総理がどう位置付けるかに尽きる。総理大臣の議員事務所の秘書がそのまま官邸に入り、単なる雑用係の役割だけにとどまる秘書官もいれば、金庫番を務める秘書官もいます。ただし、議員事務所から政策秘書を選ぶと、総理の政策は官邸にいる他の事務秘書官におんぶに抱っこになります。僕みたいに政策しかできないのは、ホワイトハウスの大統領補佐官的な役割の政策アドバイザータイプでしょう。今井さんもそうではないかな」

そう解説してくれたのは、一九九六年一月から九八年七月まで橋本龍太郎内閣で政務秘書官を務めた、衆議院議員の江田憲司（立憲民主党・無所属フォーラム）だ。江田は自社さの村山富市内閣時代に橋本通産大臣の事務秘書官として仕え、橋本が首相になると政務秘書官に抜擢された。

経産省のキャリア官僚が政務秘書官になったのは、江田のほか、鳩山由紀夫政権の時の佐野忠克、それに今井の三人しかいない。橋本内閣で政策に大きな影響を与えてきた江田は、自らの経歴と今井を重ねて語った。

「今井さんは、役所（経産省）で僕の三年後輩にあたるのでよく知っています。彼も第一次安倍内閣のときは事務秘書官で、安倍さんから信任を受け、第二次政権で政務秘書官に迎えられたんでしょう。僕は通産省に限界を感じていたし、総理の橋本龍太郎を第一に考えた。それが本来の秘書官であり、信頼を得る結果になった。今の今井さんも忠誠心を一〇〇%安倍さんに置いている。人間同士だから、総理にもそれが分かるわけです」

首相の政務秘書官は首席秘書官とも呼ばれ、他の事務秘書官とはかなり立場が異なる。二〇一二年十二月の発足以降、第二次安倍内閣では、政務の今井以下、外務省前駐英公使の鈴木浩、財務省前主税局審議官の中江元哉、経産省前経済産業政策局審議官の柳瀬唯夫、防衛省前地方協力局次長の島田和久、警察庁前警備局警備課長の大石吉彦といった顔ぶれを事務担当秘書官として配してきた。一三年十一月には、そこへ女性秘書官として史上初めて総務省出身の山田真貴子を加え、七人体制とした。一五年七月には、その山田から経産省出身の宗像直子に代わり、柳瀬が経産省経済産業政策局長として古巣に戻ってもとの六人体制に戻る。

政務秘書官はこの五人の事務秘書官を従えることになる。ときの首相の信頼を勝ち得た首席秘書官として、官邸のみならず政府や経済界に絶大な権力を振るう。事務秘書官との違いは何か。改めて江田に聞いた。

「一応事務秘書官には省庁の担当があり、政務秘書官には担当がありません。何となく政治担当の秘書として存在しています。あくまで黒子ですから、表向き秘書官そのものに権限はありません。しかし、実際にはその権限や役割分担が総理との距離感や信頼の度合いにより、いかようにも変わり得る。政務秘書官はひとえに総理の虎の威を借るキツネです」

こうありのままを解説してくれた。

「いったん信頼を得て総理と一体になると、総理を通じて何でもできる。早朝六時から夜の十二時、朝から晩まで毎日休みなく働く。家に帰ってシャワーを浴びているとき、ポッと浮かんだアイデアを翌日総理に伝えると、それが実現します。僕は三十九歳で政務秘書官になったけど、こんな面白い仕事はなかった」

黒子ゆえに実態が見えづらい。が、事実、江田は橋本政権時、「官邸の森蘭丸」と呼ばれたほど、首相の信任を得て権勢を振るってきた。今井はこの江田タイプの政務秘書官であり、安倍政権の重要政策を自在にコントロールしている。その具体例を見ていこう。

「第二次安倍政権発足当初に打ち出した三本の矢は、エール大学の浜田宏一名誉教授の金融緩和や京大の藤井聡教授の国土強靭化計画を取り入れ、実際の政策に落とし込んだ。その作業をしたのが、今井さんでした」

先の官邸関係者は、そう分析する。もともと経済政策が得意とはいえなかった安倍にとって、経産省出身の今井はまさに切れ者に映った。

「そこで今井さんが総理に対し、『一年後はこうなって、五年後にはこうなる』と経済動向のプレゼンをする。と、『さすが今井ちゃん、なんて頭がいいんだ』となるわけです。実際、今井さんは着眼点がいい。就任間もない一三年二月、総理が東北を訪問して両親を亡くした子供たちを見舞ったのも、今井さんの発案でした。またそのあと難病の子供から総理宛に届いた手紙を今井さんが見つけ、難病対策予算を強化した。総理は感心しきりです」

原発輸出の仕掛け人

もともと安倍政権は、政治の素人集団のようだった民主党政権に失望した国民の受け皿となり、政治への期待を集めてスタートした。もっとも期待値だけで済んだ時期は、政権にカムバックしてからせいぜい二年ほどだろうか。第三次改造内閣に突入した一五年十月あたりから、政策の結果を評価される段階に入ったといえる。

安倍政権は成長戦略を描けていないという批判がある。今井は、そこをどうにかしようとアイデアを捻り出した。そうしてアベノミクス三本の矢のうち、数少ない成長戦略の具体策として、海外へのインフラ輸出を打ち出す。それも今井の提案だった。なかでも今井が力を入れてきた政策が、原発の海外輸出である。

「今井さんはエネ庁次長になる前、貿易経済協力局のインフラ輸出担当審議官として、原発の輸出政策を立案しました。その関係で貿易経済協力局時代、トルコをはじめとした海外の人脈を築いていました。それを利用しようとしたのでしょう」

経産省の現役後輩官僚が、次のように内輪話をしてくれた。

「貿易経済協力局時代の今井さんにとって、いちばん力を入れた目玉政策が中東、トルコへの原発輸出でした。それを第二次安倍政権に持ち込んだのです。今井さんは政権発足後間もなく、トルコに総理を連れて二度訪問し、おかげで話が進んだ。とんとん拍子に日本企業による原発プラントの受注が決まりました」

政務秘書官は、外遊を含めた首相のスケジュール管理を担う。そこに自らの提案を折り混ぜながら、政策を進めるのが今井流である。事実、第二次安倍政権は、発足半年足らずのちの二〇一三年五月、トルコと原子力協定を締結した。それからさらに半年足らずのちの十月末には、安倍がボスポラス海峡横断地下鉄の開通式典に出席する名目でトルコを訪問し、原子力協議を本格化させていったのである。

それらの段取りは外務省ではなく、今井独自のパイプを使ったといわれる。自国のエネルギー政策や東電福島第一原発事故の収拾もままならないなか、拙速にすぎるという声など、当人は微塵も気にする様子はなかった。

安倍晋三復権の立役者である政務秘書官の今井は、第一次政権時代より数段パワーアップしたといえる。民主党最後の首相となった野田佳彦が国際公約として提案し、自民党新総裁として安倍が合意した「二〇一〇年代半ばの消費税一〇%」の延期にも、今井は密接にかかわっている。

トルコとの原子力協定を結んだ安倍は翌一四年十一月、東南アジア諸国連合（ASEAN）会議やアジア太平洋経済協力（APEC）会議、さらにG20と外遊をこなした。そのすぐあと、電撃的な衆院の解散総選挙を決める。唐突な衆院の解散と選挙までのスケジュールづくりを今井が請け負った。

　そして予定されていた消費税一〇％の先送りを選挙の争点に据えたのである。政党間で合意した消費増税を反故にするという決定について、国民の信を問う、という妙な理屈を捻り出した。このとき今井は先送りのための根まわしに奔走した。

「総理の外遊に同行していた今井さんは十一月、ＡＳＥＡＮ会場を一人抜け、ミャンマーから帰国しました。それは、主計局長だった田中一穂さんに消費増税先送りに向け直談判をするためでした。財政再建を優先させる財務省の田中さんが、そんな無茶を飲めるはずがない。そう思われていたのですが……」

　そばにいた官邸の関係者が、こう打ち明けた。

「二人の話し合いでは結論が出ず、今井さんはＧ20会場の豪州へ取って返しました。このとき田中さんが、今井さん宛に手紙を書いて渡したらしい。今井さんが機内でそれを読んだそうです。そこには、『今度の消費増税は景気条項に基づいて延期するが、次は景気条項を外して必ず増税を実行してほしい』というような内容が書いてあったといいます。そこから、消費増税延期の話が進みました」

　豪州に滞在していた首相の安倍は、今井から田中が書いた手紙の報告を受けた。そしてＧ20閉幕後、日本へ戻る政府専用機のなかで、秘書官の今井をそばに置き、消費税一〇％への増税延期について財務大臣の麻生太郎を説得したという。説得材料が田中の手紙だったのは言うまでもない。

「消費税の引き上げを一八か月延期すべきであるということ、そして平成二十九（二〇一七）年四月には確実に一〇％へ消費税を引き上げるということについて、そして、私たちが進めてきた経済政策、成長戦略をさらに前に進めていくべきかどうかについて、国民の皆様の判断を仰ぎたいと思います」

首相の安倍は一四年十一月十八日、そう記者会見し、衆院の解散を発表して選挙に突入した。今井は政策の提言のみならず、政局まで操ってきたといえる。と同時に、これは財務省が今井に煮え湯を飲まされた最初の出来事でもあった。

今井の介入は財務省案件だけではない。第二次政権における今井は、外務省の領域である中国外交にまで口を挟むようになる。先の官邸関係者は、こう言葉を足した。

「一四年十一月のAPECにおける習近平との首脳立ち話は、谷内《やち》正太郎元外務事務次官を通じた外務省ルートで実現したものでした。その一方で、今井さんは独自に程永華駐日中国大使や王毅中国外交部長と頻繁に会ってきました。そこで、『対中外交は外務省ではなく、俺がやってるんだ』と吹聴するようになりました。それを伝え聞いた外務省側はいい気がしなかったでしょう」

中国外交まで今井が仕切っているとは言い切れないが、自己顕示欲が旺盛に過ぎるのかもしれない。秘書官は「あれも俺がやった」とつい周囲に自慢する癖があるのもたしかのようだ。首相の安倍はそんな今井にもぞっこんほれ込んでいる。官邸関係者はこうも話した。

「今井さんは内閣官房参与の飯島勲さんといっしょにモンゴルにも行きました。北朝鮮の拉致問題解決のためだとされていました。が、実際のところは向こうの炭鉱開発や鉄道輸出の根まわしについて、飯島さんではできないから、総理が今井さんを送り出したのです」

まさしく獅子奮迅の活躍といえる。

周囲が愚劣に見える

一五年八月に発表された戦後七〇年の首相談話は、事実上、今井が談話の原稿をとりまとめた。談話は首相が内閣官房に新たに設置した「20世紀を振り返り21世紀の世界秩序と日本の役割を構想するための有識者懇談会（21世紀構想懇談会）」の報告書を下敷きにし、今井がドイツサミット後の六月から、原稿作成に着手した。首相と直接やり取りをしながら、三度ほど書き直しをしたという。主要箇所を抜粋する。

〈我が国は、繰り返し、痛切な反省と心からのお詫びの気持ちを表明してきた。こうした歴代内閣の立場は、今後も、揺るぎない〉

そう謝罪の姿勢を伝えながら、謝罪はこれきりで打ち切るとも書き加えた。

〈子や孫、先の世代の子どもたちに、謝罪を続ける宿命を背負わせてはならない〉

支離滅裂な中身といえた。が、その一方で、この独特な霞が関文学が、中国や韓国の反発を抑え込む結果になったという評価もある。

「あの談話は、予想される中国の反応を探って作成したのだから、とうぜんだ」

七〇年談話の発表後、今井はそう鼻を膨らませたという。

首相のスピーチ原稿から経済政策、果ては外交にいたるまで、ここまで思うままに政策を操れるのは、首相から全権を委任されている自負が本人にあるからにほかならない。首相は直感的に相手を信頼し、任せきるタイプだ。たとえば第一次政権のときに政務秘書官に抜擢した井上にも、同じように権限を与えてきた。

しかし、それが奏功するとは限らない。一五年九月の安保法成立を経て、首相自ら「アベノミクスの第二ステージ」と銘打った経済政策は、落ちた支持率回復を狙った一手であった。だが、評判は最悪だ。挙句には、官邸内部の軋轢が表面化するようにもなった。

第二次安倍政権の発足当初、経産省審議官の柳瀬唯夫が、広報担当の事務秘書官に就任した。本来、メディア対応の窓口は経産省出身の秘書官の役割であり、柳瀬が担うはずだった。だが、今井がしゃしゃり出て来て、やがて二人の不仲が取り沙汰されるようになる。柳瀬は広報担当から外され、代わって一三年十一月、広報担当の任に就いたのが、総務省出身の山田真貴子だ。女性初の事務秘書官という鳴り物入りの人事だった。が、彼女もまた今井から秘書官失格の烙印を押される。

「たとえば『女性活躍推進法案』に関する中間とりまとめのときも、山田さんが各省庁のヒアリングができていなくて、『何やっているんだ』と今井さんから怒鳴られていました。実際、山田さんが担当した首相のフェイスブック更新が一晩滞ってしまうこともありました。そんなとき今井さんは、『ふざけるな』とエキセントリックに大声でがなり立てる。それで叱られたほうは縮こまってしまうのです。とにかく今井さんは立て板に水のようにまくし立てるので、何も言い返せない。山田さんも今井さんから怒鳴られ、よく泣きじゃくっていました。仕事をとりあげられ、山田さんは放心状態になってボーっとしていました」

女性初の首相秘書官は一五年七月、自ら首相の安倍に辞意を願い出たという説もある。彼女はわずか一年八か月の在任期間で、官邸から去った。

「今井ちゃんの頭の中を見てみたい」と首相が感服するほど、今井は発想が豊かで実務能力が高いといわれる。その分、周囲が愚劣に見えてしまうのかもしれない。日本的なコミュニケーションは苦手のように思える。

総理大臣執務室の隣にある秘書官室の大部屋には、今井を含めて六人の秘書官が机を並べている。そこは会話もなく、常に静まり返っているという。今井自身は時折首相のいる執務室に呼ばれ、二人で打ち合わせをするが、他の秘書官がその中身を知らされることはほとんどなかった。

安倍政権に対する評価は、内閣を統べる政務秘書官の手掛けてきた政策の成果と重なる部分も少なくない。しかし、その評価は、首相や当人が思っているほど高くはない。

「官邸官僚」としての原点

今井尚哉は安倍一強を支えてきた官邸官僚の中心にいる。そのことは永田町、霞が関の誰もが感じてきた。前述したように、本人の出身官庁をもじって経産内閣ともいわれる。そんな今井の出発点について、森友問題を追及してきた旧民主党代議士の福島伸享《のぶゆき》は、次のように指摘した。

「今の政権で起きていることは、橋本龍太郎内閣時代の行革にすべての源流があります」

経産省出身（一九九五年入省）の福島は、橋本政権時に旧通産省大臣官房の特命チームのメンバーを務めてきた。身をもって官邸と官僚のあり様を知る一人である。

「一九九七年、旧通産省大臣官房に『政策実施体制審議室』なる不思議な名称の部署ができ、橋本行革チームがスタートしました。私はその末席の若手官僚で、そこに通産省選りすぐりの役人が集まっていました。現在岡山県美作《みまさか》市長になっている八〇年入省の萩原誠司さんがいちばん年長で、その下に八二年入省の今井さんと現原子力規制庁長官の安井正也さん、八四年入省の柳瀬唯夫さんもいました。われわれはその部屋で濃密な一年半を送りました」

今井だけでなく、柳瀬にとっても、この政策実施体制審議室時代が、「官邸官僚」としての原点といえる。昨今、霞が関の官僚を震えあがらせていると評判の「内閣人事局」の構想も、もとはといえば、ここで考案されたものだという。福島はこう言った。

「橋本行革の中で、官邸主導の枠組みとして中央省庁再編のほか一元化した幹部人事の政治任用を検討した。われわれは省益優先の縦割り行政打破のため、役所の仕事をやるのは省務官僚、国全体の仕事をするのは国務官僚と呼んで、国務官僚を要職に引きあげる人事を政治主導で決めていく構想を練っていきました。まだ内閣人事局という名称こそありませんでしたが、行政改革会議の最終報告にその制度が載っています」

のちに元首相秘書官として加計問題でクローズアップされる柳瀬と今井の関係もここからだといえる。加計問題といえば、今井の二年先輩にあたる現岡山県美作市長の萩原もまた、安倍昭恵と縁が深い。

農業に関心のある彼女は二〇一三年二月、岡山県北東部で棚田事業を展開するNPO法人「英《あい》田上山《だうえやま》棚田団」を訪れて感激したという。NPO法人の名誉顧問にも就いた。そのNPOに対し、トヨタが創設したトヨタ・モビリティ基金（TM基金）が支援をし、超小型EV（電気自動車）「コムス」を寄付して評判になる。片田舎のNPO支援は、橋本行革時代の先輩官僚と、今井、首相夫人の関係があればこそではなかったか、とも囁かれた。

そんな今井について、森友学園問題における財務省理財局の決裁文書改ざんとのかかわりが取り沙汰された時期がある。安倍夫妻の関与を消し去ろうとしたかのように映る公文書の改ざんは、どこの誰から指示されたのか。元理財局長の佐川宣寿に指図したのは誰なのか。そこについて安倍政権の幹部はもとより、現主計局長の太田充や官房長の矢野康治ら財務省幹部でさえ、「すべて理財局の仕業だ」と言い張ってきた。

むろんそれをまともに受け取っていた国民はそうはいない。半面、改ざんの指示系統はうやむやのままでもある。ひょっとしたら、今井が安倍夫妻を守ろうとして佐川に改ざんを指示したのではないか。

森友問題を追及してきた野党議員たちはそう考え、今井の証人喚問を要求してきた。それは、安倍ファミリーと関係の深い今井と森友学園や財務省との接点を疑ってのことにほかならない。たとえば今井は財務省の佐川と同期入省で仲がいい。もっぱら疑惑の根拠として囁かれてきたのがそこだ。旧通産省と旧大蔵省という違いこそあれ、たしかに二人は一九八二年入省の同期の桜である。だが、二人の関係はそれだけではなく、霞が関の独特な官僚文化に根差している。

エネルギー政策で共鳴

二人を知る、ある経産OBが打ち明けてくれた。

「経産省では同期入省の財務官僚と同期会を開く慣習がありましてね。今井さんと佐川さんは、入省当時からの知り合いのはずです。通産の役人は、同期の大蔵官僚で誰が偉くなるか、すぐに想像がつく。それで、一年目に大臣官房の文書課、秘書課、主計局総務課という三課にいる新人に目星をつけ、同期入省の大蔵官僚を飲み会に誘うんです。大蔵は通産にとって予算要求する相手だから、親しくすれば助けてくれる。そんな思惑も働きます。しかも佐川さんは係長時代に通産省に出向していたので、準通産省的な扱いでした。八二年入省の通産省同期会にも違和感なく顔を出していました」

しかも今井と佐川の間柄は、単なる同期というだけではない。経産OBが続ける。

「佐川さんはやがて主計局の主査や主計官になり、通産省相手のエネルギー関係予算を担当した。私自身、電源特会という特別会計課に配属されたとき、カウンターパートの主査だった佐川さんにお世話になりました。その頃の通産省はエネルギーの大胆な原子力シフトを謳い、原発のある自治体に積極的に電源立地交付金を出した。このとき大蔵側の担当が佐川さんで、今井さんは法令審査員という大臣官房総務課の課長補佐でした。原発推進は今井さんの持論でもあり、二人は原発政策で意気投合していました」

政策で共鳴したのだろう。わけても今井は、東電福島第一原発の事故が発生した直後の二〇一一年六月から第二次安倍政権の発足する一二年十二月まで、資源エネルギー庁（エネ庁）次長として事故対応の陣頭指揮をとってきた。

このとき「二〇三〇年代原発ゼロ」に舵を切ろうとしたのが民主党政権だ。民主党は必ずしも一枚岩ではなかったが、そこで今井は脱原発派の議員たちと対立した、と経産OBが振り返った。

「あのとき、民主党の長島昭久首相補佐官と大串博志内閣府政務官が原発政策の見直しについて米国を説得するため渡米しました。ところが向こうのエネルギー担当議員たちから門前払い同然の対応を食らってしまった。あとから聞くと、それは今井さんが親日派の米議員らに脱原発に反対するよう、根回しをしていたからだという。そこまでするか、と驚きました」

のちに安倍政権でトルコや英国に原発輸出を売り込むようになる今井は、このときからエネルギー関係の人脈を築いていていた。

そして森友問題への今井の関与もまた、あながち野党議員たちの単なる当て推量ともいえないようだ。「それは今井が安倍ファミリーの担当だからです」と別の経産OBが次のように解説する。

「もともと首相の政務秘書官といえば、議員事務所の側近秘書や金庫番が就いてきた。それは政策面ではなく、議員や家族のプライベート処理、後援会の陳情などを受け付ける役割があるからです。政務秘書官は政策よりむしろ議員のプライベート面の処理を求められる。だからキャリア官僚あがりは異例で、過去に政務秘書官になったのは、橋本政権時代の江田さんくらい。鳩山由紀夫政権時代の佐野忠克さんも経産キャリアのOBではあるけど、二人の奥さん同士が親しかったから頼まれた。江田さんとは違います。佐野さんが〇四年に経産省を辞めて弁護士として働いていたところ、〇九年の政権発足時に見込まれたのです」

首相の事務秘書官のうち、経産省から出向する者は通商政策だけでなく、広報も担当する。第一次政権時の今井もまたそうだった。その体験があるので、今井はときにファミリーのインタビューに立ち会い、原稿までチェックしてきた。

「昭恵さんのところには、いろんな〝陳情〟が持ち込まれます。それを裁くのも、ファミリー担当である政務秘書官の役割です。ですから、森友に限らず、昭恵さんが関係するＮＰＯ団体の助成など、いろんな相談に乗っていたと思いますよ」（同前）

つまるところ政務秘書官は、首相ファミリーのお守役でもある。安倍昭恵が瑞穂の國記念小學院の名誉校長に就任した森友学園について、今井が担当したとしても何の不思議もなく、むしろ自然な流れなのだという。

改ざん渦中の問い合わせ

もっとも第二次政権発足後、政務秘書官になった今井は、政策面でも安倍を支えてきたからやたらと忙しい。ある現役の経産官僚はこう語る。

「だから経産省の谷査恵子さんを昭恵さん付き秘書として採用したんです。役所での今井さんと谷さんとのつながりは不明ですが、彼女は国家公務員Ⅱ種試験合格組で準キャリア扱いされてきた優秀な女性でした。ノンキャリ向け語学研修プログラムで九か月間米国に留学したこともある。帰国後、地球環境対策室やクールジャパン室に勤めていた頃の仕事ぶりが今井さんの耳に入ったのかもしれません」

言うまでもなく、政務秘書官の今井は、首相官邸における谷の上司である。森友学園のゴミ処理問題などで、谷が昭恵の指示で財務省とＦＡＸでやり取りしていた一件は、何度も報じられた。

今井―谷―昭恵ラインが、国有地売却における不可解な八億円の値引きをはじめとする森友問題にどうかかわったのか。野党がこの三人を国会に呼ぼうと主張した目的は、まさにその疑惑解明にあった。

なお、文書改ざんで大阪地検の事情聴取を受けてきた佐川は、セクハラ次官の福田とも同期入省組で、東京都立九段高校から二浪して東大経済学部に進み、旧大蔵省入りした。エリート官僚には違いないが、財務省内で次官レースに乗っているとは言い難かった。財務官僚のあいだでは、最初からナンバーツーの国税庁長官狙いだとされた。ただしその出世欲は人一倍強かったといわれる。

そして佐川は二〇一六年六月、国税庁長官の待機ポストである理財局長に就き、翌一七年二月に森友国会に遭遇する。当人にしてみれば、この難局を乗り切らなければ財務省ナンバーツーへの道が閉ざされる。幹部人事は今や内閣人事局、つまりは官邸の意向ですべてが決まるのだから、その危機感は想像に難くない。挙句、公文書の改ざんに手を染めたのかもしれない。半面、それを唆《そそのか》した者はいなかったのか。

「森友学園への国有地売却について、秘書官の今井さんが昭恵夫人付きの谷さんに連絡をしたことはあるか」

二〇一八年四月十一日の衆院予算委員会でそう問われた安倍は答えた。

「昨（一七）年三月、今井秘書官が谷査恵子さんに電話し、森友問題の事実関係を確認していたことは確かめました」

一七年三月といえば、まさに佐川が局長を務めていた財務省理財局が公文書改ざんという暴挙に出た渦中でもある。疑惑の目が、総理の分身、今井に向けられたのは無理もなかった。おまけに改ざん前の決裁文書には、安倍昭恵が一四年四月に森友学園を視察した際、籠池被告に「いい土地ですから、前に進めてください」と発言したとも記載されていた。改ざん問題発覚後に、ことの真偽を彼女に問いただしたのも、今井だといわれている。挙句、財務省では文書の改ざんに加え、森友学園側に対して八億円土地代値引きの口裏合わせを依頼していた事実まで判明した。

ちなみに昭恵付きの谷は、東大文学部を卒業した一九九八年に経産省入りしている。通商政策局国際経済部（現通商機構部）の部長秘書としてＷＴＯ（世界貿易機関）交渉の激務を補佐したのち、エネ庁原子力政策課に異動になった。そこで出会ったのが柳瀬唯夫だ。言うまでもなく、加計学園の獣医学部新設について、二〇一五年四月に学園事務局長と愛媛県や今治市職員の訪問を受け、「首相案件」発言をした張本人である。

〇四年四月に発覚した使用済み核燃料処分費用の隠蔽問題で当時原子力政策課長だった安井正也が左遷され、代わって柳瀬が課長に就いた。一方、谷は〇五年までその原子力政策課で国際第三係長として勤務している。

高速増殖炉「もんじゅ」を使う核燃料サイクルの見直しを迫られた原子力政策課長の柳瀬は、そこから一転、「原子力立国計画」なるスローガンを打ち出し、核燃料サイクルを推進していく。

文書改ざんの責任者である財務省の佐川も原発政策との接点があるが、今井と柳瀬もまた、エネルギー政策面で深く協力し合ってきた。若い頃エネ庁の石油部に配属されて以来、エネルギー政策畑を歩んできた今井は、柳瀬の「原子力立国計画」を後押しした。ちなみに〇六年、東芝が米原発メーカー「ウェスチングハウス」を買収したのも、今井・柳瀬ラインの政策に乗ったがゆえとされる。

そして時は流れて一二年十二月。今井と柳瀬の二人は、第二次安倍政権で首相の秘書官となる。安倍に請われて政務秘書官に就任した今井が、子飼いの柳瀬を事務秘書官に据えたと見られる。おまけに翌一三年に谷を首相夫人付きの秘書に抜擢し、今井—柳瀬—谷で官邸の経産省ラインを形成した。その経産省ラインで今井は、安倍夫妻の面倒を見、政権の舵を握るようになる。

外務省との軋轢

首相の代理人として政策に取り組んできた今井は、前述したようにインフラ輸出や貿易、外交政策にかなり首を突っ込んでいる。なかでも対ロシア、対中国の外交に熱を入れ、さらに安倍政権悲願の北朝鮮問題にもかかわってきた。それら政治の舞台裏の動きには、目が離せない。

今井は対露外交で独特な動きを見せてきた。ロシアの石油大手「ロスネフチ」社長のイーゴリ・セーチンが一五年十一月、「笹川平和財団」の主催した「日露間のエネルギー協力に関する国際会議」の講演に招かれ、来日したことがあった。セーチンは大統領のウラジーミル・プーチンの盟友とされ、ロシアのエネルギー産業に絶大な影響力を持つ。

そのセーチンを官邸に招待したのがほかでもない、今井だった。

「日露のエネルギー問題における転機をつくったのが、ロシア最大のエネルギー企業ロスネフチのセーチンです。表には出ていないけれども、官邸で今井さんがセーチンと会った。安倍総理とも接触があったと思います。そこから非常に強い信頼関係を持って、物事が進んでいくのです」

日露外交に詳しい元自民党代議士の鈴木宗男がそう話した。

「橋本、小渕、森という政権で日露外交の流れをつくり、森・プーチン会談のイルクーツク声明のとき、北方領土問題の解決に最も近づいた。ところが、小泉政権の田中眞紀子外務大臣がすべてをおかしくしてしまった。以後ロシア外交が動かない空白の一〇年を経て、安倍政権になって再び動き始めたのです。安倍総理は父上の安倍晋太郎外務大臣秘書官を務めたこともあり、ロシアへの思い入れは一際強い。その思いを汲んで動いているのが今井さんです。北方四島での共同経済活動は非常に重要で、経済から外交が動く」

鈴木は第二次安倍政権が発足した一年後から、ひと月に一度、官邸で安倍に会い、日露外交のアドバイスをしているという。そして、こうも指摘した。

「空白の一〇年間で外務省のロシアスクールが壊滅的になり、省内の親米派がいっそう強くなった。それで、今でも政権と綱引きをしているのです。国家安全保障局長の谷内（正太郎）さんなんかは、やっぱりアメリカを気にしてコトが動かない。プーチンが『日米安保（の北方領土への適用）については重要な懸念を持っている』と口にする含意は、その辺りにもあるわけです」

谷内は小泉政権時代の〇五年一月に外務事務次官に就任し、安倍、福田康夫に仕えて〇八年一月に次官を退任した。親米派の元外務官僚で、第二次安倍政権以降、内閣官房参与、国家安全保障局長を務めている。

従来、同盟国である米国との関係を考慮し、外務省が常に一定の距離を保ってきたロシア外交において、安倍は極端に接近した。ロシア外交における安倍の頼りは外務省の主流派ではなく、今井をはじめとする官邸官僚たちだ。

そして今井は首相の威光をバックに、独自の外交を展開する。対露外交でいえば、二〇一六年末に首相の地元である山口県長門市で首脳会談をおこない、話題になった。今井の得意とするエネルギー分野ではサハリン沖での資源開発や天然ガス・石油生産増強を含む八項目の日露経済協力プランを提唱し、日本の商社やメーカーにも協力を呼びかけた。

しかし、それらは決してうまくいっているとは言い難い。最終目標の領土問題については、一ミリたりとも動いていないと酷評されている。おまけに経産官僚時代から取り組んできたトルコへの原発輸出では、メイン企業の一つ伊藤忠商事の撤退が早々と決まった。

そうして今井と外務省との軋轢が生じる。とりわけ象徴的に語られるのは、谷内との確執だ。

二〇一七年五月のことだった。安倍が訪中する幹事長の二階俊博に託した中国の国家主席、習近平宛て親書の内容が、谷内の承知していたものとは違う形に書き換えられたというのである。

「総理の意向です」

首相の外交親書は外務省が草案を書き、外務省出身の官邸の事務秘書官を通じて首相に確認を求める。最終的に外相の決裁を経て、首相が了承する運びになっている。複数の政府関係者によれば、このときの首相親書づくりの焦点は、中国の提唱する経済圏構想「一帯一路」政策に対するスタンスだった。

「一帯一路構想や、それと連動するものとして中国側が協力を求めてきたアジアインフラ投資銀行（ＡＩＩＢ）に、日本は米国とともに後ろ向きな姿勢でした。ところが、首相親書が外務省や国家安全保障会議（ＮＳＣ）とのすり合わせもなく、前向きな方向に書き換えられた。それが今井秘書官の仕業である、と知って谷内さんが激怒したんです。『なぜ書き換えたんだ』と今井さんに詰め寄る一幕もあったようです」（政府関係者の一人）

このとき今井は、例によって谷内にこう言い返したという。

「総理の意向です」

憤った谷内が「もう辞める」と周囲に漏らしたとも、辞表を書いたとも伝えられる。

今井には「分身」「代理人」「懐刀」だけでなく、「振付師」との異名もある。だが検証すれば、その振付は、ことごとく的を外しているのではないか。

印象的なのは、一六年五月に開かれたG7伊勢志摩サミットでの出来事だろう。初日、安倍は予定になかった四枚の資料を各国首脳に手渡して驚かせた。そこには、「リーマン・ショック」という単語が一〇か所以上も出てくる。そのうえで、現状が〇八年のリーマン・ショック前夜の経済状況と似ている、と示す経済指標が並んでいた。

「リーマン・ショックのような事態がない限り予定通り増税する」

安倍は従前から消費増税についてそう明言していた。そこでサミットの場を増税先送りのために利用したのではないか、との批判が沸き起こり、事態は野党が資料の作成過程の検証チームを設ける騒動にまで発展した。

各国の認識や政府の「月例経済報告」と乖離していると散々酷評されたその資料は「今井ペーパー」と呼ばれた。今井は黒幕と名指しされ、検証チームの会合への出席を要請されたが、いっさい応じなかった。半面、周囲の声をまるで意に介さない今井は、対北朝鮮政策についても番記者相手に次のように嘯いてきたという。

「日本のGDPは五四〇兆円あるだろ。拉致問題を解決できるなら、日本は北に一〇兆円くれてやってもいいじゃないか。俺に拉致交渉をやらせてくれたらいいんだけどな」

当の本人は自らの行動原理について「すべては安倍晋三のため」と言ってはばからない。だが、その姿はしばしば独善的で傲慢に映る。焦点になっている豪腕秘書官の森友・加計問題への関与はあったのか――。当の今井尚哉本人に尋ねた。

財務省の佐川と同期

「私から文藝春秋に〝出頭〟するとは思いもよりませんでした。でもどうせ批判されるなら正当に批判されたいと思って、取材に応じることにしました」

二〇一八年四月下旬、今井本人がこう皮肉を言いながら文藝春秋の社屋にやってきた。文藝春秋で官邸官僚の連載を始め、取材を続けるなか、私は今井に対し詳しい質問内容を文書にして官邸にＦＡＸした。言うまでもなく、これまでの取材結果を踏まえ、事実関係を問うためだ。それを見た当人から担当編集者に連絡があった。

「これはしっかり説明にうかがいたい」

そう電話を受けた編集部が急遽、インタビューを設定したのである。今井尚哉は第二次安倍政権の発足から五年四か月というもの、メディアのインタビューに一切応じたことがない。総理の分身と呼ばれてきた豪腕の政務秘書官に、指摘されてきた数々の疑惑について直接話を聞いた。

――森友学園に関する文書改ざんをめぐり、佐川宣寿が国税庁長官を辞任した。なぜ、改ざんがおこなわれたのか。

「僕には理由がわかりませんが、役人が決裁文書を変えることはあってはならない。自殺者まで出た案件ですから、現場が相当苦しんだことも間違いないでしょう。財務省本省と近畿財務局にはしっかりと説明してほしい」

――文書の改ざん問題では、佐川さんと同期入省である今井さんの関与を指摘する声があがっている。そこについてどう考えるか。

「たしかに財務省と経産省の昭和五十七（一九八二）年入省組は仲のよい代で、若い頃は大勢で一緒に飲みに行っていました。佐川もそのうちの一人です。

佐川が経産省担当主査で僕が担当課長補佐のときなどは当然、やり取りもありました。ただし、お互いに真剣勝負ですから、馴れ合いの関係はありません。

僕が官邸に入ってからのこの五年間は、二人きりで会話したことはありません。先日の証人喚問で佐川が言ったとおり、二〇一六年の伊勢志摩サミットのあとに、理財局長になったばかりの佐川が、経済対策の説明のために安倍さんを訪れた場に、僕も同席していました。僕はそれすら、佐川が国会で証言するまで忘れていました。彼の携帯の番号やメールアドレスも知りません。

なのに、野党は彼と同期というだけで僕の証人喚問を要求し、テレビや雑誌が僕の顔写真を載せる。あまりにも根拠が薄弱です。これで議会制民主主義と言われてもねぇ……。そもそも森友学園問題に僕が関与していれば、大阪地検に呼び出されているはずでしょう」

仮に検察が首相の政務秘書官を事情聴取したとなれば、それだけで大ニュースになる。大阪地検には相当な覚悟が必要になるので、この間、今井が呼び出されなかったといっても、さほど不自然ではない。

森友学園問題において今井の関与が取り沙汰されてきたのは、財務省の佐川と同期入省で仲がいいという関係があるからだけではない。前述したように、政務秘書官である今井は安倍ファミリーの面倒をみる立場にある。とうぜん首相夫人の昭恵の行動についても、知っていなければならない。

加えて、昭恵夫人付きの谷査恵子は官邸における部下であり、経産省の後輩にあたる。不可解な森友学園の土地取引解明においてカギを握る人物だとされてきた。実際、首相の安倍自身が四月十一日の衆院予算委員会の席上、森友問題について今井が二〇一七年三月に谷に電話をし、事実関係を確認したことを認める答弁をしている。

――それらの事実については、どう説明するのか。

「あのとき電話をしたのは、昭恵夫人から一〇〇万円を受領したと主張していた籠池泰典理事長が、（一七年三月二十三日に）証人喚問される直前だったと思います。それまで僕は、夫人に関する業務を谷に一任しており、逐一報告を受けていませんでした。夫人のスケジュールは報告されていましたが、森友学園の件については国会で話題になるまで、こんな事案が動いていることすら知りませんでした」

――森友学園の土地取引について、首相夫人付きの谷さんは今井さんにどのように説明していたのか。

「夫人が籠池理事長に一〇〇万円を渡した、渡さない、というのが問題になっていました。それと森友が立て替えたゴミ処理費用を財務省予算で返済する件を谷が財務省の国有財産審理室に問い合わせた当時の経緯、それらを本人に確認しました。電話で二〜三度かな。

谷は、少なくとも一〇〇万円を受領する場面を見ていない、とはっきりと言っていました。籠池氏側とのやり取りの詳細を正確には覚えておらず、送ったＦＡＸなどの回答を保存していたことすら忘れていたとも。あとになって、谷の後任が、引き継いだファイルのなかに籠池氏とやり取りしたＦＡＸや手紙があった、と籠池氏の証人喚問当日にそれを持ってきました。（ゴミ処理費用に関する）財務省の回答は、年度内予算では無理なので来年度予算で執行しますというもので、〝ゼロ回答〟ですよ」

今井の口からは、「知らなかった」「忘れていた」「覚えていない」という言葉がやたら出てきた。森友学園の件など、さして問題視していなかったからだ、と言いたいらしい。だが、むしろ無理やり言葉を付け加えているようにも感じた。

森友学園理事長の籠池は二〇一五年十二月、本来、財務省が負担すべきゴミ処理費用のうち、一億三〇〇〇万円を立て替え、工事を請け負った建設業者に支払っていた。財務省理財局や国交省航空局に対し、立て替え金の返済の口利きを安倍昭恵に頼んだ。その際、夫人付きの秘書官である谷が籠池と直接やりとりし、政府側に「一六年三月までの一五年度中の予算措置」を要請したのだが、さすがに年度内の予算措置は間に合わなかった。

今井は籠池からの要請があった事実は認めるものの、それをもって「ゼロ回答」と強調した。だが、実際には年度明けの四月、すぐに予算の施行がなされている。籠池は、夫人に頼んだ甲斐があったと感じたに違いない。ゼロ回答どころか、谷のおかげでかなりの便宜を図ってもらったといえる。

——その谷さんを夫人付きの秘書官に抜擢したのは、今井さん本人だと言われている。事実か？

「もともとは、昭恵夫人から『どなたか秘書官のような人をつけて欲しい』と要望がありました。外交案件は外務省の官僚が付くので、国内イベントなどに同行する人が必要でした。各省に公募をかける方法もあるが、すぐに見つかるとも思えなかったため、経産省のなかから探したんです。谷が夫人付き秘書官の仕事に興味を持っているらしいということから選ばれました。僕はそれまで谷と仕事上の接点はありませんし、柳瀬からの推薦でもありません。あくまでも経産省の担当者から推薦された人事案件です。あまり覚えていないけど、とにかく英語がそれなりにできる人だと言われて……」

とはいえ、首相夫人付きの秘書官は政務秘書官の承認がなければ任命できない。そこに今井がかかわってきたのは明らかだ。今井は政務秘書官として安倍家のプライベートな部分まで担当してきたはずだが、そこを聞くと、こう言葉を濁した。

「本来（政務秘書官）は身の回りのお世話もやらなければいけないのかもしれませんが、僕は、ご家族のことにはタッチしていません。僕は自分を政策マンだと思っているので、ファミリーのことも政治的な話も好みません。安倍総理から秘書官になってほしいと言われたときにも、『政策にしか興味がない、こんな政治嫌いな人間を政務秘書官にしていいのですか？』と聞いたが、それでも『やってくれ』と言われたので引き受けたのです」

安倍政権の屋台骨として首相を支えてきた今井が官邸とかかわるようになる端緒は、前述したように、一九九七年の橋本龍太郎内閣時代の行政改革にさかのぼる。橋本政権下で旧通産省大臣官房の特命チームが組織され、そこのメンバーに加わったのが原点である。

柳瀬もそこにいたが、橋本行革時代のチームリーダーだった現岡山県美作市長の萩原誠司もまた、安倍家と妙な縁がある。

第二次安倍政権が発足した明くる一三年、安倍昭恵は美作市で棚田事業を展開するＮＰＯ法人「英田上山棚田団」の名誉顧問に就任し、「トヨタ・モビリティ基金」（ＴＭ基金）による支援を受けた。それらの関係づくりの根回しを今井がおこなったのではないか、とも囁かれた。そこを今井に尋ねると、こう答えた。

「何のことかまったく分かりません。萩原さんは先輩ですからもちろん知っています。しかし、そのＮＰＯの話はまったく知らない」

加計学園の獣医学部新設を巡っては、首相秘書官だった柳瀬が国家戦略特区の担当者として、学園幹部や愛媛県・今治市の職員に対する窓口の機能を果たしてきた。二〇一五年には、官邸で三度も加計学園の訪問を受けていたことも明らかになっている。そのうちの四月二日には、柳瀬が「本件は、首相案件」と述べていた事実が愛媛県に残された文書により判明した。

ところが、当の柳瀬は彼らと面会したことすら「記憶にない」と言い張ってきた。

――官邸の主である首相に報告していないとし、官邸の面会記録すら残されていないともいうが、そんなことがあり得るのか。

「僕は柳瀬が嘘をついているとは思いません。実際には会っていたとしても、本当に覚えていない可能性はあると思います。たとえば面会の場に大勢の人がいたら、忘れることだってあります。面会記録も、一年経てば捨ててしまうものです。

秘書官は自分の業務としてやっているだけですから、いちいち総理には報告しません。総理に直接関係する案件だけは必要に応じて報告を上げる、そういうものです」

「僕がペーパーを主導した」

一強と呼ばれる首相の力を背景に、今井は独自の政策を推し進めてきた。その政策は、自らが経産官僚だった時代に実現できなかったことも少なくない。一つが、得意とするエネルギー政策だ。わけても原発推進論者として知られる今井は、東電の福島第一原発事故後も、民主党時代の脱原発政策に対し、異を唱えてきたとされる。

――民主党政権時代、エネ庁次長として米議員らに脱原発反対を日本政府に働きかけるよう根回しをしてきた事実はあるか。

「根回しなどはやっていません。福島原発の事故が起きたとき、僕は日本の原子力が生き残る道は非常に厳しいと感じました。しかし、原発の依存度を減らしていくにしても、日本はすでに五四基も持っていた。完全にゼロにするには一〇〇年、二〇〇年かかる。だから僕はあのとき、二〇基以上持っている国で、最終処分と中間処理を国際共同でやる世界フォーラムをつくろうと、世界中を駆け巡っていたんです。だからアメリカにも行きました」

さすがにエネルギー政策に関しては、饒舌になる。

「それがエネ庁の次長のときで、僕も公務員ですから、民主党の人とも議論しましたよ。仙谷（由人）元官房長官、齋藤（勁）官房副長官、枝野（幸男）経産大臣、細野（豪志）環境大臣、古川（元久）内閣府特命担当大臣の五人とわれわれ事務方でね。でも、総選挙が近づくにつれ、野田（佳彦）首相が事務方を外して『二〇三〇年代原発ゼロ』を決定し、エネルギー戦略をめぐる関係閣僚会議で提言をまとめた。それを受け、長島昭久首相補佐官と大串博志内閣府政務官がアメリカに説明するために派遣されたんです。僕たちはその前段階で、米国務省と『三〇年代までに一五％』ということで話し合っていました。だから、アメリカ側は突然（民主党議員に）原発ゼロと言われても納得するはずがないんです」

政策面でいえば、二〇一六年に消費税の一〇％延期を働きかけた。消費増税の延期は、一四年十一月に次いで二度目だ。このとき今井は、あろうことか五月の伊勢志摩サミットで杜撰な経済分析を各国首脳に手渡し、延期の根拠とした。いわゆる今井ペーパーの件だ。

――伊勢志摩サミットでの〝今井ペーパー〟が酷評されたが、なぜあのようなことをしたのか。

「あのとき『リーマン・ショック前夜と似ている』とブリーフしたのは僕ではありませんが、ペーパー作成を僕が主導したのは間違いありません。あのペーパーの意図は、G8洞爺湖サミット（〇八年七月）の数か月後にリーマン・ショックが発生したことを踏まえ、一六年当時も新興国の経済指標などが落ち込んでいたので、伊勢志摩サミットでは同じ失敗を犯さないためにもリスクへの対応が必要だと訴えたものです。

その直後に消費増税の延期を正式に表明したので、財務省から見れば、『今井の野郎がまた増税延期のために画策した』と捉えたのかもしれません」

やはり今井ペーパーの根拠は薄弱だ。そのために財政再建を訴える財務省としては、度重なる消費増税の延期により、根底から政策を見直さざるを得なくなったのだが、今井の言葉はなかば開き直っているかのように聞こえた。

今井は外交問題にも口を出してきた。ウラジーミル・プーチンの盟友であるロシアの石油大手「ロスネフチ」社長のイーゴリ・セーチンのパイプを使い、対露外交を主導してきたともいわれる。

――セーチンとの独自のパイプを使って領土問題を前に進めようとしてきたのか。

「たしかにセーチンのことはエネ庁時代から知っています。彼が一五年に来日した際には、アファナーシエフ駐日ロシア大使が、『セーチンが会いたがっているから』と官邸に彼を連れてきました。セーチンは日本語も英語も話せないので、僕とセーチンの二人だけで会っても話ができないからです。でも、僕とセーチンが知り合いであることと、対露外交や領土問題は関係ありません」

そして、こう持論を展開した。

「北方領土問題は過去七〇年、解決しないまま続いてきました。森喜朗総理時代の〇一年に採択されたイルクーツク声明で両国は歩み寄りを見せたものの、その後また関係は冷え込みました。ロシアの態度は一貫しているのに、日本の言うことが、政権交代のたびに変わるからです。

これまで外務省とも議論を重ねてきましたが、はっきりいって外務省は北方領土問題を前に進めるアイデアを持っていません。僕には、彼らが『不法占拠だ』とただ騒いで自身の数年間の任期を終えているようにしか思えません。外務省はそれでいいかもしれませんが、安倍さんは領土問題を解決して平和条約を結ぶことをプーチン大統領に宣言しているんですから、総理秘書官として必死になるのは当たり前でしょう」

「僕は矛盾した役割を担っている」

対中国との関係では、二〇一七年、自民党幹事長の二階俊博の訪中時、習近平に持っていった親書について、今井が書き換えた一件が永田町で話題になった。今井は、「総理の意向だ」と外務省に伝え、それまでの対中外交の方針を転換したという。

――それを知った国家安全保障局長の谷内さんが激怒したと言われているが。

「一帯一路に関する記述を僕が修正したのは事実です。ただし、AIIBに関する表現は変えていません。はっきり言っておきたいのですが、僕は日本のAIIB参加を主張したことは一度もありません。ADB（アジア開発銀行）を有効活用するのが基本姿勢で、ただADBとAIIBが協調融資をすることがあっても構わないとは思っています。

政権発足当初は険悪だった日中首脳会談の雰囲気も、徐々によくなりつつあったころでした。当時の安倍総理は、習主席の一帯一路に対するリーダーシップを評価すると言っていたんです。にもかかわらず、親書の原案を見たら、一帯一路について、あまりにもうしろ向きの内容しか書かれていませんでした。だから、こんな恥ずかしい親書を二階幹事長に持たせるわけにはいかないと、相当修正を加えたんです。『これを機に日中の経済外交を発展させ、友好を安定的なものにし、一帯一路についても可能であれば協力関係を築いていきたい』という文言をいれました。

そこが肝です。

もちろん、外務省の決裁は必要ですから、外務省の秘書官を通じて関係者にはすべてフィードバックし、手続きを踏んでいます。

谷内さんがどう言っているかは分かりませんが、『総理の意向です』というような言い方はしていません。

谷内さんと僕が一番対立したのはむしろ北方領土での共同経済活動です。でもあのときも二人で話して、最後は分かりあってきたつもりです」

むろん政策変更はあってもいい。だが、財務省や外務省の官僚たちにとっては、あまりに突飛な政策に感じるのだろう。それゆえ軋轢が生じてきた。

今井が仕切ってきた安倍政権では、森友・加計問題における数々の疑問に対して国民が納得できる説明がなされていない。

――どう感じるか。

「そこは安倍政権として正直に説明していくほかありません。森友問題は、いくら値引きしろとか、そういう話に昭恵夫人がかかわっていないことだけは間違いありませんが、交渉の過程で名前があがっていたのは事実ですから、無関係とは言えません。うかつにも名誉校長を引き受けたのは間違いでした。安倍総理にも間違いなく道義的責任があります。だから、この点に関しては、安倍さんにも進言して、国会で謝罪をしてもらいました。ただ本当に詳しい交渉過程は近畿財務局にしかわからないわけですから、彼らがちゃんと説明しないといけない」

財務省のセクハラ事件もあった。

——事件当時の一八年四月十六日、産経新聞が「福田淳一財務次官 更迭へ」と報じた記事は、今井さんが誘導したのか。

「僕はこの手の人事話には口を出しません。総理の分身と思われているので、他の件でも『今井が書かせた』と言われることが多いようですが、そのほとんどが間違いです」

——政府内で今井さんに対して独善にすぎるという批判がある。どう感じるか。

「僕は自分自身が二つの矛盾した役割を担っていると考えています。一つは、政治家の横暴から役人を守ること、もう一つは役人の怠慢から政治家を守ること。政治家は国民に選ばれなければ失業するんですから、常に必死だし、ときに横暴になる。役人は二年ごとに、何もやらなくても出世していきますから、ときに怠慢になる。だから、二つの役割は僕の矜持です。

この五年間、さまざまな場面で『どうせ今井の仕業だろう』と黒幕のように見られてきたことは知っています。これはひとえに僕に徳がないんだろうなとは思います。ただ、先ほどの二つの役割に対する思いを変える気はありません」

今井尚哉の持論はいまも変わらない。

第二章　影の総理の影「首相補佐官」

霞が関の常識を覆す〝新型官僚〟

二〇一七年と一八年の通常国会の展開は、非常に似ていた。森友と加計という二つの学校法人と安倍ファミリーとのかかわりが二年続けて焦点になる、という極めて珍しい国会だった。順番からいえば、春先に森友学園への国有地払い下げ値引き問題に火がつき、その火が加計学園の獣医学部新設問題に燃え移った。どちらも同じ展開である。

一八年の通常国会では、平穏だった国会が財務省による文書改ざんの発覚を契機に炎上した。言うまでもなく、森友学園にタダ同然で国有地を払い下げた経緯を記した財務省近畿財務局の決裁文書が大幅に書き換えられていた一件である。

「いつ、何のために、誰の指示で公文書を改ざんしたのか」

国会における与野党攻防のテーマはそこだった。それは、公文書の改ざんという明確な犯罪行為に対するすこぶる単純な疑問の解明というほかない。

だが、その解明がなかなか進まなかった。原因の一つは、文書改ざんの動機が「忖度」という目に見えない内心の問題にすり替えられ、「指示」系統がはっきりしないからだ。

「まさか首相自らが、公文書偽造という犯罪を指示するわけがない」

そう信じている国民感情も理解できなくはない。が、反対に誰の指図もなく、高学歴の高級官僚たちが自ら犯罪に手を染めるのも不自然だ。そんな「忖度」問題に触れるにつけ、加計問題における一つのキーワードを思い出した。それが「総理のご意向」である。加計学園の獣医学部新設をめぐる一連の文科省文書には、その手の表現が随所に出てきた。

「総理が自分の口からは言えないから自分がかわって言う」

文部科学事務次官だった前川喜平によれば、首相補佐官の和泉洋人が、加計学園の獣医学部新設をめぐり、そう迫ったとされる。和泉は従来の霞が関の常識を超え、まさに「総理のご意向」を汲んで動いてきた、新型官僚の一人である。

二〇一六年九月九日、和泉から官邸四階にある自室に呼び出され、国家戦略特区での獣医学部設置について早急に対応するよう、圧力をかけられた——。

こう告発する前川とともに二〇一七年七月、国会に参考人招致された和泉は、前川との面会の事実は認めたものの「(総理にかわって云々とは)言わなかったと思う」と言葉を濁していた。

最終ポストは局長止まり

今の安倍晋三政権は、政権ナンバーツーである官房長官の菅義偉と副総理兼財務大臣の麻生太郎という二人の実力政治家に支えられているという。が、その実、霞が関の官僚抜きでは、とても政策の立案や行政の執行がおぼつかない。

一強と持て囃されてきた安倍政権の政策を実現する官僚たちを従え、指図してきたのは誰か。事実上、高級官僚を動かしているキーパーソンが何人か存在する。その代表格が、政務秘書官の今井尚哉であり、首相補佐官の和泉である。加計問題で評判になったように、文字どおり首相や官房長官になり代わり、ときに中央省庁の幹部たちを呼びつけ、直接指令を飛ばしてきた。総理の影が官房長官の菅なら、和泉は影の影とでもいえばいいだろうか。いまや霞が関最強官僚の一人といっていい。

一口に霞が関のキャリア官僚といっても、入省時の立場により、すでに序列ができているのは、よく知られている。外交官試験のあった外務官僚は別格として、国家公務員I種試験合格者たちの目指す省庁の人気は、財務省を筆頭に、総務省や警察庁、経産省などに集中し、試験の上位者が入る。財務官僚は、試験の成績がトップテンでなければ出世できない。それが、財務省が「最強官庁」「官庁の中の官庁」と呼ばれる所以でもあり、財務官僚には国の予算に与《あずか》り、他の省庁を動かしているという自負がある。

霞が関の序列は、現実の政府内での位置づけとして如実に表れる。たとえば政権に最も近い首相秘書官は、財務、外務、警察、経産、防衛の五省庁から派遣される。また官房長官に直結する官房副長官や副長官補は、警察や総務（旧自治）、厚労（旧厚生）など、旧内務省系の出身者が抜擢されることが多い。官僚の最終ポストと評される特別職の官房副長官だった石原信雄は旧自治省、古川貞二郎は旧厚生省の出身で、現在は元警察官僚の杉田和博が務めている。

つまり同じ霞が関のキャリア官僚でも、官邸という権力中枢に近づけるのは、ごく一部のポストに限られ、なかでも今の内閣では、第一次安倍政権時代から首相の信頼の篤い元秘書官らが重用される傾向が強い。いまや「首相の懐刀」と評される首席秘書官（政務担当）の今井はその最たる例だし、元経産官僚で、一次政権で内閣広報官を務めた長谷川榮一も、再び内閣広報官に起用され、首相補佐官を兼務している。

彼らのように、出身省庁を離れているが、官邸を根城に絶大な権力をふるう、従来の「官僚」像とは異なる存在が「官邸官僚」である。なかでも和泉は、典型的な官邸官僚といえる半面、他の首相側近のそれと異質な面もある。

異質な面でいえば、まず比較的権力に遠い国交省出身という点がそうだ。それでいて、首相肝煎りの国家戦略特区構想や新国立競技場の建設をはじめとした重要政策を担ってきた。また現在、沖縄の基地問題に奔走し、首相の東南アジア外遊にまで同行している。派手な言動を控え、できるかぎり水面下で動くのでなかなか実態が見えにくいが、加計学園問題で見せたような極め付きの強権を振るってきた。

一九五三年五月十八日、神奈川県横浜市生まれ。和泉洋人は両親や親戚が政官界出身者の多い高級官僚の世界において、父親が高卒の造船所技師というごく普通の家庭に育った。自他ともに認める愛妻家で、「今朝は玄関先で女房と二回もキスして出かけてきた」などと平気で周囲に話すのだそうだ。官僚っぽいエリート臭さがなく、他の女性にもずいぶんモテるらしい。

神奈川県の進学校として名高い栄光学園中・高等学校に入学し、七六年三月に東京大学工学部都市工学科を卒業して旧建設省（現国交省）に入った。省庁によって多少の違いはあるが、キャリア官僚の多くは事務次官を目指す。だが、和泉は初めからその座を諦めざるをえなかった。理由は東大時代の専攻にある。

一般に霞が関の中央官庁では、東大法学部の卒業組である文系の事務系官僚が事務次官に昇りつめるケースが多い。もっとも建設省と運輸省の流れを汲む国交省ではやや異なり、理系の技官でもトップになれる。国交省のキャリア組は、法学部出身の事務官と工学部出身の技官という文系と理系の官僚が事務次官を分け合ってきた。

また、同じ東大工学部卒の旧建設省系の技官でも、大学時代の専攻により土木技官と建築技官という道にわかれる。そのなかで事務次官になれるのは、入省時に土木系の道路局や河川局（現水管理・国土保全局）に配属された者とされる。

東大で工学部都市工学科を専攻した和泉は入省後、住宅建築技官として住宅局に配属された。いわば建設省の傍流扱いで、入省時から最終ポストが局長止まりとされてきたのである。

「東大の都市工学科は、昭和三十九（六四）年の東京五輪招致が決定し、そこに合わせて新幹線や高速道路の建設を進めて日本の骨格をつくろうという発想から新設されました。高山英華が教授で丹下健三が助教授、あとは建設省の役人が講師になり、講義をしていました。僕はその一期生で、和泉君とはずい分歳が離れているけど、根っこは同じです」

そう話す上野公成《こうせい》は、和泉と同じく、東大工学部都市工学科から建設省住宅局に入り、のちに自民党参議院議員に転身した。入省したての頃から和泉のことをよく知っているという。六六年東大卒業の上野は和泉の一〇年先輩にあたり、後輩を手放しでほめる。

「僕らの時代は大学卒業後、役人になりやすく、九人が国家公務員になった。なかでも建設省は入りやすくて八人もいました。しかし、いざ建設省に入ると、なかなか思うような仕事ができないことが多い。同じ理系でも電気や機械だとデータ処理に強みがあるけど、都市工学科には専門性がないからです。自分の才覚で研究し、省内の反発を切り抜けていくより仕方がないが、逆に専門的な固定観念がないから、才覚さえあれば突き抜けることもできるのです。都市工学科卒のなかには雑魚みたいな役人で終わる人も多いけど、和泉君は突き抜けたね」

特区構想のスペシャリスト

官僚人生における和泉の最初の転機は、八三年の群馬県高崎市への出向だった。入省八年目の二十九歳のことだ。官僚はたいてい若い頃に地方自治体の勤務を経験する。和泉は都市計画部長として高崎市に赴任した。その人事をおこなったのが、ほかならない上野だった。こう語った。

「高崎は僕の生まれた町で、市長から誰かいい人がいないか、と頼まれ、それまでも建設省から何人か送り込んでいました。和泉君もそのうちの一人でした。彼は要領がいいというか、頭の回転が速いから、すぐに市に溶け込んでいろんなことができたようです」

和泉の高崎市への出向は、国交省内でもなかば伝説的に語られている。元同僚の一人が話した。

「住宅局や都市局は地方の行政と直接つながっていますから、都市計画部への出向はまれな人事ではありません。ただとりわけ彼にとって、このときの経験が大きく役に立ったといえます。高崎という選挙区は、中曽根康弘、福田赳夫、小渕恵三という三人の首相経験者を輩出してきた群馬の中心です。というより日本の政治の中心に近く、そこから政治とのつながりができた彼が本省に戻ったあとは、上野さんも国会議員になって後ろ盾として機能していったし」

和泉は九八年、住宅局住宅生産課長に就任した。この時点で将来の住宅局長を約束されるポジションに就いたといえる。

そうして小泉純一郎政権時代、さらに飛躍した。省庁再編後の二〇〇一年一月、国交省の住宅局住宅総合整備課長となった和泉は翌〇二年七月、内閣官房都市再生本部の事務局次長に抜擢される。このときに和泉を引き上げたのが、小泉内閣で官房副長官を務めていた上野だった。当の上野がこう打ち明ける。

「あの頃は、バブル崩壊により不良債権化して塩漬けになった土地がたくさんあり、それをどうにかしなければならなかった。しかし、流行りの地方分権で自治体に任せれば任せるほど動かない。なにより自由な都市計画を立てなければならないのに、当時の都市計画法では融通がきかず固すぎたのです。それで、新たに都市再生法という法律をつくりました。霞が関の各省が反対できないよう、計画地域を閣議決定事項の内閣の政令で決めるようにした。すると国交省も農水省も反対できません。僕が小泉政権で官房副長官になり、音頭をとってその都市再生法をつくった。そのために都市再生本部の事務局次長として和泉君を呼んだのです」

都市再生本部は、〇一年五月の閣議決定に基づき、内閣総理大臣を本部長、関係大臣を本部員として内閣に設置された。翌〇二年六月施行の都市再生特別措置法に基づく組織になる。和泉は先輩の上野により、その都市再生本部の事務局という内閣官房組織にヘッドハンティングされたわけだ。どんなに頑張っても局長どまりとされていた住宅建築技官が、初めて内閣官房という権力の中枢で仕事をした。おまけに、そこで一定の評価を得たのである。

都市再生法はいわゆる土地の再開発計画をするための法律として立法された。なかでも小泉政権による規制緩和の下、地域を限定した都市再生を目指した。今でいう特別経済区域構想（特区構想）の走りである。事実、和泉はここから小泉政権で構造改革特区構想を手掛けるようになり、特区の専門家としての現在がある。

民主党政権で国交大臣を務めた馬淵澄夫も、和泉の原点は「自民党小泉政権の都市再生本部事務局次長だ」といい、同意見だ。もっとも、特区構想は単なる新たな政策というだけではなく、政治的な利権の奪い合いという側面もあった。馬淵はこう付け加えた。

「このとき小泉さんの所属する派閥、清和政策研究会による旧田中派の流れをくむ平成研究会つぶしが始まったのです。政界における田中派の力の源泉といえば、道路、鉄道、河川などの公共インフラ事業でした。それに代わる政策として、小泉政権下で都市再生という新しい公共事業、つまり新しい国土交通省の利権の種を提示した。そこで働いたのが和泉さんだったのだと思います。バブル崩壊後の債務整理や金融再生を経ていく過程で、和泉さんが新たな成長産業として、都市集中型の地域再生という旗印を掲げ、小泉さんに仕掛けた。これまで都市計画は自治体に任せてきたが、以来、国がそこに手を突っ込んでいったのです」

東京・六本木の「東京ミッドタウン」や大阪・天王寺の「あべのハルカス」計画などがそれにあたる。このあたりから、「国交省に和泉あり」と霞が関の他省庁にも、その名が轟くようになっていく。

和泉は〇四年七月、いったん内閣官房から国交省に戻り、住宅局担当の大臣官房審議官となる。住宅建築技官の和泉は、その後、もう一つ、大きな出来事に遭遇する。それが〇五年十一月に発覚した耐震偽装事件である。

業界の意を汲んだ部下の更迭

警視庁が建物の耐震強度の構造計算書偽造を繰り返していた一級建築士の姉歯秀次を摘発し、東京地裁が姉歯に対し〇六年十二月、懲役五年の実刑判決を言い渡した。耐震偽装事件は、自民党小泉政権以来の規制緩和が招いた結果だとされる。

従来、地方自治体や公共団体の建築主事がおこなってきた建物の構造検査を民間に任せた結果、耐震性を誤魔化す事態が発生した。ビルや戸建て住宅の「建築確認・検査の民間開放」が耐震偽装を誘発したと批判され、国交省がその対応に追われた。一連の規制緩和、民間開放事業の歪みともいえた。

耐震偽装の原因については、のちに国交省の構造計算システム問題も浮上し、民間検査会社のせいばかりではないのではないかという議論もあったが、事件を境に、国交省は制度の見直しに着手した。〇七年六月の建築基準法改正や建築士法改正、構造計算適合性判定の導入、それに住宅の瑕疵《かし》担保履行法による保険制度の充実などがそれにあたる。そこに直面したのが、当時、住宅局の審議官だった和泉である。事情を知る建築業界関係者が言う。

「建築業界のなかで、とりわけ問題になったのが、建築物の瑕疵に対する保険でした。国や自治体がマンションの住民などから立て続けに損害賠償請求の訴訟を起こされ、国交省としてすべての建築業者に対し、新たな瑕疵担保責任保険の強制加入制度を導入しようとしました。担当の住宅生産課長とその下の課長補佐クラスがそれを進め、業界にプレッシャーをかけてきたのです」

　建設事業を所管する国交省は、自動車でいうところの自賠責保険のような強制の皆保険制度を導入しようとした。だが、これに大手の建築業者が、「余計なコストがかかる」といっせいに猛反発する。住団連（住宅生産団体連合会）として正式な反対表明が提出され、国交省が困り果てたのである。このとき審議官だった和泉は業界側に立った。ある大手住宅建設会社の重役が話した。

「和泉さんは、われわれ業界の声を受け入れてくれましてね。驚いたことに、保険制度を進めていた住宅局の生産課長を飛ば（更迭）してしまいました。課長は国交省を辞めざるをえなくなり、川崎市の助役になりました。それだけでなく、補佐クラスまでいっぺんに首を挿《す》げ替え、子飼いの伊藤明子さん（のちの住宅局長）を住宅局住宅生産課建築生産技術企画官というポストに据えた。そうして保険制度は折衷案に落ち着いた。強制加入ではなく、任意型の保険制度になり、さすが和泉さん、救いの神だ、と業界がもろ手を挙げて歓迎したものです」

　つまるところ和泉は業界側の意を汲み、政官業の調整役を果たしたということだろう。耐震偽装に関する保険制度は、本来の消費者・住民保護という趣旨からすると、骨抜きになった感も否めない。しかし、和泉はここから建築基準法の改正などを手掛け、国交省内で存在感を増していった。和泉の突破力は業界だけでなく、政府内でも評価されたという。

　同じ頃、和泉が住宅建設業者向けに立案したのが、「２００年住宅」政策だ。耐震性の高い梁などを使い、建築後にも自由に間取り変更できるような家の建設を目指す、文字どおり二〇〇年の耐久性を謳った住宅建設である。これが〇七年、自民党の政策として提言された。その仕掛け人が和泉だった、と先の元同僚は解説する。

「高級住宅なので、これも業界向けの政策です。和泉さんのうまいところは、ここへ官房長官を辞めたばかりの福田康夫さんを巻き込んだこと。福田さんとは高崎に出向していた頃からの付き合いで、和泉さんは普段特定の法律や政策を担ぐことの滅多にないクールな福田さんを、自民党検討会の座長に引っ張り出した。それが功を奏したのです」

和泉は〇七年七月、住宅局長に就任した。その二か月後の九月、とつぜん辞任した安倍に代わり、福田が首相の座に就く。和泉はすでに建設省OBの上野の引きで小泉政権時代に政権中枢に近い内閣官房都市再生本部入りし、権力の妙味を味わっている。和泉にとって福田政権の誕生は、好都合だったが、肝心の政権が長続きしなかった。頼みの福田が首相の座を追われると、和泉も後ろ盾を失った。だが、和泉はいつしかときの政権に、反対の多い無茶な政策でも突破できる重宝な役人だと評されるようになった。それゆえ政権の中枢で生き続けることができた。

立ちはだかった教育特区見直し

福田康夫の次に首相の座に就いた麻生太郎政権時の〇九年七月のことだ。事務次官の目のない和泉は内閣官房で都市再生本部から地域活性化統合本部に改称された組織の統合事務局長に抜擢された。もっとも福田から首相の座を譲り受けた麻生には、もはや政権を維持する力がない。民主党政権誕生の前夜といえた。

予想されたとおり自民党は総選挙で大敗し、〇九年九月、民主党政権が誕生した。しかし和泉は政権が移っても、そのまま内閣官房の地域活性化統合本部にとどまる。国交省の別の元同僚が、このときの政治状況をこう分析した。

「民主党政権で誰が和泉さんをそのまま重用しようとしたのか、そこはいまだ不明ですが、政治的な力が働いているのは間違いないでしょう。内閣官房にとどまったのが、異例中の異例人事なのは間違いありません。内閣官房の都市再生本部や地域活性化統合本部の歴代事務局長は事務次官級のポストであり、それまでは旧建設省事務官出身の審議官が就いてきた。技官のなかでも格下の住宅建築技官で事務局長になったのは、和泉さんが初めてです。彼は民主党にも広く人脈の根を張っていましたから、その幅広い政治家人脈がものをいったのはたしかでしょうね」

和泉はここから自民、民主という二つの政権に跨る異質の官邸官僚として、本格的に歩み出したといえる。

周知のように民主党の鳩山由紀夫政権は、小泉政権時代の新自由主義政策に異を唱え、次々と政策を変更していった。なかでも構造改革特区構想の見直しは、鳩山政権の重要課題だった。特区の実務を担ってきた和泉はそこに直面する。その一つが、株式会社による高校経営問題だ。教育の自由化という旗印の下、小泉政権下で進められてきた特区構想の見直しである。

株式会社による高校運営については、もともと文科省をはじめ教育行政に携わってきた者には異論があった。民主党政権に移り、それを見直すムードが高まるのは、ある意味必然でもある。元文科事務次官の前川が次のように振り返った。

「株式会社立学校は、そのほとんどが自民党の構造改革特区で認められた広域通信制高校でした。一般の高校をドロップアウトした子どもたちが、そこへ入学して高卒資格を取っていく。少子化で高校生の数が減っているなか、通信制高校の生徒数だけは微増していますから、それはある意味、社会的な役割を果たしているといえます。しかし問題は株式会社立高校の中身です。生徒にろくすっぽ勉強させず、極めて安易に単位認定をして卒業させちゃう。あちこちで問題を起こしていました。このタイプの学校は米国にたくさんあって、ディプロマミル、卒業証書発行工場と呼ばれていました。学費さえ払っていればいい利益主義の象徴とされてきました」

民主党政権は、この構造改革特区による株式会社立学校問題に対し、改めて評価に乗り出した。特区は名称どおり特別扱いの区域であり、それを全国的に広げていいものかどうか。民主党では、問題が大きければ制度そのものを廃止すべきだ、として特区の審査を始めた。

「この株式会社立学校特区評価の担当が、和泉さんだったのです。和泉さんの下に財務省や経産省から来た役人がいて、その人たちが主導して評価委員会を運営していきました。われわれ文部科学省の立場としては、株式会社立学校は非常に弊害が大きいから廃止すべきだ、と主張しました。その証拠をたくさん集め、評価委員会に意見を出すにあたっては、平野（博文文科）大臣の

了解までもらっていました。大臣も、廃止すべきだと言い、いっとき評価委員会は廃止に傾いたんです」（同前・前川）

株式会社立の通信教育高校は三年以上、通常四年制で、国から学校に対して生徒ひとりあたり年間一二万〜三〇万円の就学支援金が出る。それを悪用し、名義を貸してくれる父母に謝礼を支払い、幽霊生徒でぼろ儲けしていた学校もあった。そんな教育特区の廃止は当然のように思えるが、そこへ立ちはだかったのが和泉だったという。前川が言った。

「瀬戸際まで来たとき、和泉さんが平野大臣に直訴したんです。大臣から直に聞きましたが、和泉さんは『廃止すべきだというお考えはよく分かるので将来的には廃止しますが、いきなり廃止すると各方面で摩擦が生じる。だから、段階的にやったほうがいい』と平野さんを説き伏せたそうです」

なぜ株式会社立の学校を廃止しなかったのか。当の平野に聞くと、こう答えた。

「教育特区ではだめだというのは、私の持論でしたのでね。文科省としても放置できない。それについて和泉が突然、会いたいと言い出して大臣室に訪ねてきたんです。彼とは昔からの付き合いでもあるし、構造改革を推進している立場ですから、面と向かって『止めましょう』とは言わなかったけれど、終焉させる方向については同意してくれた。文科省としても、生徒がいるので卒業させなければならないし、すぐに廃校にはできない。それで学校法人に転換してもらったり、経営を変えて継続してもらったり、ソフトランディングさせざるをえなかったんです」

文科大臣経験者の平野もその一人だが、和泉は自民党だけでなく、民主党議員にも幅広い人脈を誇る。野田佳彦政権時代に幹事長を務めた輿石東《こしいしあずま》なども飲み仲間だという。

むろんすぐに株式会社立学校の制度を廃止する必要はない。が、期限を設けて制度変更することは可能だ。前川はこう指摘した。

「平野大臣は、和泉さんから『最終的には廃止します』という言質をもらったと聞きましたが、結局、それも口約束だけなんです。その後いつ廃止するという条件もなく、今もなおこの約束は果たされていません」

株式会社による学校経営制度は廃止されることなく、現在も存在する。それでよしとしていいのか。

従来の学校法人による私立の学校経営だと、文科省の監督が届きやすいが、株式会社立学校だと、株主の意向が反映されるため、営利目的の教育に歯止めがかかりにくい。そこに問題の根っこがある。

和泉VS文科省、再び

この頃、和泉が手掛け、霞が関で話題になったもう一つの政策が、ユネスコへの「明治日本の産業革命遺産　九州・山口と関連地域」の世界遺産提案である。もともと二〇〇〇年代に入り、北九州地域で運動が始まり、民主党政権時代を跨いでいる政策だが、和泉はここでも平野を巻き込んでいる。当の平野が語る。

「世界遺産の申請は構造的に文化庁の既得権益になっていたのですが、和泉さんは平野だったらよく知っているので、構造改革、規制緩和をやりやすいと思ったのかもしれませんな。（地域活性化統合本部事務局で）産業遺産も世界遺産として申請しようとしたのだけど、私はそこに乗った。既得権益の打破もあるけど、日本の近代化の歴史として後世に残しておくべきだってことでね」

〇九年に自民党から民主党へ政権が移り、一二年には再び自民党が政権に返り咲く。この間の一二年九月、和泉はレイムダック状態だった野田政権において、内閣官房の参与に就任する。以後、古巣の国交省を退官した格好になる。そして、そこから政権交代した第二次安倍内閣で、首相補佐官の座を射止めた。事実上、事務次官を超えたポストである。

和泉はときの政権に重用され、生き残ってきた。と同時に、権力をうまく使い分け、政策を実現してきたといえる。政策の原点は小泉政権時代の構造改革であり、それを踏襲し、より右傾化した安倍政権にも和泉流が通じてきた。ただし、それはときに無理筋のようにも映る。

第二次安倍政権では「明治日本の産業革命遺産」を文化事業の目玉政策と位置付け、一四年一月、世界文化遺産の推薦候補に決定した。もっとも、その裏では和泉対文科省の熾烈な攻防が繰り広げられていた。当時、文科省の官房長だった前川は、そのあたりにも詳しい。

「和泉さんの指図で差し替わったのが、文科省の文化審議会の委員人事です。ユネスコの諮問機関として世界遺産登録の審査をする日本イコモス国内委員会の西村幸夫委員長が、ずっと審議会の委員をやっていたのですが、委員改選のとき和泉さんから『西村を外せ』と言われたんです。理由は明治日本の産業革命遺産に対し、朝鮮人労働者問題や稼働中の施設もあり、日本イコモスが非常にネガティブな対応をしたからでした」

　前川が記憶を呼び起こし、歯切れよく問題点を整理してくれた。

「本来、日本政府は文化審議会の世界文化遺産特別委員会でユネスコ世界遺産に登録を求める推薦案件として、日本イコモスの意見を聞くものです。産業革命遺産は、幕末の松下村塾もあれば、三井三池の炭鉱も入っていて、文化遺産としてもまとまりがなくバラバラ。なのに、イコモスを飛び越えて西村さんを外し、結果的に世界遺産委員会でユネスコの登録を勝ち取ったんです。これを安倍首相の幼馴染で加藤勝信元厚労大臣の義姉にあたる加藤康子さんが一生懸命に推し、ユネスコ大使だった木曽功さんも一肌脱いだ。木曽さんと和泉さんとのつながりは、そこでできているんです」

　木曽は元文部科学官僚で、あの加計学園の理事を務めている。和泉とともに、獣医学部新設に向けて動いた人物でもある。

　第二次安倍政権では、〇六年当時の第一次内閣時代から仕えてきた秘書官たちが再び登用され、重要ポストを占めてきた。だが、和泉はそうではなく、民主党時代の内閣官房参与からの抜擢だ。

それは官房長官の菅の強い推薦があったからだとされる。

沖縄基地問題「影の司令塔」

秋田県の農村出身である菅は、神奈川一区選出の自民党代議士、小此木彦三郎の秘書になり、一九八七年に横浜市議に転身した。九六年に衆院神奈川二区で初当選し、政権ナンバーツーの官房長官に昇りつめる。安倍一強政権における多くの政策を支えてきたのは、言うまでもない。和泉との関係でいえば、小泉政権時代に菅が国交政務官になって以来だとの説もある。が、そうではない、と二人をよく知る政界通は次のように明かす。

「菅さんと和泉さんの付き合いは、菅さんの横浜市議時代からだと聞いています。菅さんは市議時代、建設省の事務次官だった高秀秀信さんを市長に擁立しました。そのせいで影の市長などと囁かれたものですが、そこにも和泉さんが協力していると思います。といっても、市議時代は中央官庁の和泉さんの立場のほうが上だったみたいで、菅さんが横浜市で進めた道路整備なども含め、若い頃から頼ってきた。とくに国交省の政務官になって以降の菅さんは、何かにつけ政策について相談するようになり、和泉なくば今の菅はない、といわれるほど、和泉さんはいろんな場面で登場してきました」

和泉は他の省庁の官僚にも知己が多い。なかでも財務省事務次官だった故・香川俊介や前金融庁長官の森信親などは、ともに飲み歩く間柄だった。そこに下戸の菅が加わり、勉強会と称した懇親会を開くこともしばしばあったという。

第二次安倍政権発足後、菅は官房長官でありながら、沖縄の基地問題を担当してきた。表向き沖縄県との交渉窓口は、官房副長官の杉田和博になっているが、水面下で奔走してきたのが、和泉である。

「政府はインバウンドによる観光振興や金融特区の設置、高速道路や港湾整備など、振興政策で沖縄県民を懐柔してきたけど、それらを進めてきたのも和泉さん。さらに最近は基地問題に取り組んでいます。辺野古基地建設は、和泉さんが菅さんから託された最大のミッションの一つです」

ある国交省の技官経験者が、こう話してくれた。和泉は辺野古基地建設における「影の司令塔」と呼ばれる。

基地に関して影の司令塔が動き出したのは、二〇一五年秋口から翌一六年春先だ。周知のように辺野古基地の建設については、元知事の仲井《なかい》眞《ま》弘多《ひろかず》が埋め立て工事を承認したが、翁長雄志《おながたけし》が知事に就任すると、その承認を取り消した。かたや政府は工事承認の取り消しは違法だと反訴し、訴訟合戦に発展する。

最高裁は一六年十二月、翁長の承認取り消しを違法とし、国が勝訴した。が、実際に辺野古の埋め立てをするには、湾の地形や地層に応じてもともとの工事の設計を変更しなければならず、その都度、知事の承認が必要になる。そこで防衛省の出先機関である沖縄防衛局は逡巡し、基地の埋め立てが遅々として進まなかった経緯がある。

「たとえば沖縄防衛局のこれまでの設計では、米軍基地の滑走路を支える土台が五〇メートルの湾の深さの地層に耐えられないことがわかったのです。断層に空洞があり、そこに砂を入れて地盤を固めなければならないとか、そのためにボーリング調査からやり直す必要があるとか、埋め立てそのものの見直しをしなければならなくなった。それで、業を煮やした菅さんたちが、国交省から九人の設計屋を送り込んできたのです」

基地反対派の名護市議、大城敬人《よしたみ》がそう説明してくれた。大城は和泉の存在に気付いていないが、先の国交省の技官経験者はこうも話した。

「辺野古では、この件で県側に付け込まれ、埋め立て工事が進まなくなっていました。それで、和泉さんが港湾局長に命じ、港湾局で『チーム和泉』を結成して防衛省に送り込んだのです。港湾局長も菅さんや和泉さんに睨まれたくはないし、なにより政権最大のイシューである基地問題に協力すれば、自らの次官の目も見えてきますから、喜んで従うわけです」

和泉が古巣の国交省から港湾のスペシャリストを防衛省に送り込んだのは、最高裁判決からさかのぼること一年近く前の一六年一月のことだ。国交省港湾局技術企画課技術監理室長だった遠藤仁彦《きみひこ》を沖縄防衛局次長、同港湾局海洋・環境課特定離島港湾利用調整官の阿野貴史を調達部次長に据えた。それだけでなく、防衛省本体から彼らに指示を出す役割として、国交省の官房技術参事官の下司《げし》弘之を官房審議官、国交省公共事業企画調整課長の松永康男を官房参事官として配置した。

和泉は週に一度のペースで関係者と基地問題について打ち合わせ、自ら選抜した「チーム和泉」に指示を出してきた。場合によっては、自ら沖縄入りして計画を進めてきたという。再び名護市議の大城が言った。

「本来、設計変更後の岩礁破砕なども県知事の許可を受けないといけない。ところが、知事は許可を出さない。すると彼らは護岸の浅いところから工事を進めるようになった。厳密には違法行為なのですが、菅官房長官などは後戻りができないほどやれば、県知事は止めようがなくなるんだと豪語しています。そこまで強引にやっているってことですね」

あくまで表に立つのは菅だが、和泉がそれを裏で支えてきた。まずは既成事実づくりという、それもまたいかにも和泉流である。菅や和泉はこうして基地問題に楔を打ち込みながら、二〇一八年二月、辺野古基地の建設予定地である名護市長選に臨んだ。

当初、三選目を目指した現職の稲嶺進が有利と目された。だがふたを開ければ、自公、維新の会推薦の新人、渡具知《とぐち》武豊がおよそ三五〇〇票の大差で圧勝する。選挙結果には、地元でも驚きの声があがった。

名護市長選における自公の勝因は、それまで県民感情に遠慮していた公明党が推薦をしたことなどが挙げられる。また官房長官の菅をはじめ自民党幹事長の二階俊博など、大物国会議員も応援に入り、選挙を盛りあげた。その裏で和泉たちが動いてきたのは言うまでもない。

スーチーとのパイプ役

自公が名護市長選に大勝して間もない一八年二月二十二日、那覇市内のホテル「沖縄かりゆしアーバンリゾート」で「沖縄の可能性と稼ぐ地方創生戦略」という経済セミナーが催された。主催は元沖縄県副知事の安慶田《あげだ》光男が代表理事を務める「沖縄経済懇談会」だ。そこに特別講演者として招かれたのが、和泉洋人である。

安慶田は基地反対派の翁長の側近として知られてきたが、二〇一七年教員採用の口利き事件で退職した。そこから翁長と袂を分かち、こうした経済セミナーを開いてきたわけだが、和泉が講師として招かれたのは、前年に続いて二度目である。セミナーの際は、いつも菅から祝電が届く。その様子を知るため、私も当日のセミナーに参加してみた。

開始予定の午後五時前、ホテルの会場に和泉本人が姿を現した。すると、小走りで安慶田が和泉を出迎え、沖縄の経済人に紹介してまわる。知事側近として基地問題であれほど政府と反目していたのが嘘のようだ。二人はまるで旧知の親友同士であるかのように、笑顔で接していた。

沖縄の政治家の心情は読みづらいという。和泉にとって、安慶田やその周囲の経済人とのパイプ作りは、秋に予定されていた知事選をにらんだ選挙戦略に違いない。この頃は、まだ知事の翁長が現職のまま出馬すると思われていただけに、和泉たちがその足元を切り崩そうとしたわけである。

この日のセミナー終了後、会場で当の和泉自身に改めて取材を申し入れた。それまでも、再三話を聞きたいと申し込んでいたが、「スケジュール調整ができない」などと断られ続けていたからだ。だが本人に直に掛け合っても、「忙しいので取材は無理」と逃げ回る。その後、文書で内閣官房に質問を送っても、回答すらなかった。

同じ東大卒のキャリア官僚でありながら、「天井は局長」と建設省の入省当初からいわれてきた和泉は、ある意味のコンプレックスをバネにここまで昇りつめてきたといわれる。いまや最強の官邸官僚と評判の和泉は、まさに神出鬼没、安倍政権のあらゆる重要政策に首を突っ込んでいるといって差し支えない。

地球儀外交を売り物にしてきた安倍が、最も力を入れてきた東南アジアとの交渉にも、和泉が傍に寄り添い、インド首相のモディやミャンマー国家顧問のスーチーに対する直接の窓口として、パイプ役を果たしてきた。インドネシアの新幹線売り込み競争で中国に敗れたように、必ずしも実績があがっているとは言い難いが、菅の代理人としての政権内の信頼は群を抜いている。

そんな和泉の力の源泉は、やはり人事の動かし方にある。

「国交省では大臣に対する国会レクを、法務、建設、運輸という三つの分野の次官候補がそれぞれおこなってきました。つまり、その三頭立てから、事務次官が選ばれていく慣習があります。しかし、和泉さんはそれをえらく嫌っていて、覆そうとしてきました」

国交省のある元法務事務官はこう言った。

「最近でいえば、一六年六月の事務次官人事もそうでした。土木系の徳山日出男次官の次が、東大法学部卒業の西脇隆俊さんで決まりと見られていた。朝日新聞もそう報じていたほどです。しかし、和泉さんは事務系の西脇さんが次官に就任したら、自分自身の手が届かなくなると懸念したのでしょう。『国交省の人事は法務・事務系のOBが牛耳っていて、西脇に決めそうだ。いまだOBが介入するなんてけしからん』と菅官房長官に直訴したと聞きました。それで、実際に人事がひっくり返ってしまい、結果的に朝日の記事は誤報となったのです」

事実、徳山の後任次官には、旧運輸省系の武藤浩が決まった。政治主導のトップ人事だと霞が関で評判を呼んだという。

森友・加計問題が安倍政権や国会を揺るがせている中、官邸主導で官庁の幹部人事を決める内閣人事局の存在が話題になった。強大になった官邸の権力が霞が関の官僚を震えあがらせ、行政を歪めているのではないか。そんな指摘がなされてきた。

国民の従僕たる官僚が、国民の選良たる政治家に仕える。それはひとつの官僚のあり方に違いない。だが、権力と同化した特定の官僚が国民不在の恣意的な解釈で政策の舵をとるとなると、話は違ってくる。安倍一強政権には、そんな行政の歪みが透ける。

寝業師、和泉洋人が取り組んできた翁長雄志の死去に伴う一八年九月の沖縄県知事選は、オール沖縄の玉城《たまき》デニーが勝利した。むろん安倍政権にとっては痛手だが、政策の変更はない。

第三章　政権の守護神「警察官僚」

第二次安倍政権の青写真

その年、失意の底に沈んでいた安倍晋三は、例年になく寒い冬を迎えたに違いない。二〇〇七年七月におこなわれた参院選の惨敗を受け、安倍は九月に政権を放り出した。その明くる〇八年二月のことである。

一月に始まった通常国会では、後継首相の福田康夫が国会運営に四苦八苦していた。安倍はそのさなかの十九日早朝、密かにハイヤーで渋谷区富ヶ谷の私邸を後にした。向かった先は、新潟県の妙高高原にある池の平温泉スキー場だ。

そこは、政官界で知られる自民党支持者の荒井三ノ進が「妙高高原アルペンブリックリゾート」と称し、スキー場やホテルを経営している。その日は、荒井本人が東京から車を飛ばしてきた安倍を出迎えた。新潟県で成功した父親から事業を引き継いだ荒井は、地元の英雄である田中角栄をはじめ、田中が事実上首相に指名した中曽根康弘を支援し、政界に一定の足場を築いた。

むろん財界や官界の知己も数多い。もとはといえば、荒井はみずほホールディングスの会長だった西村正雄を通じて安倍と知り合ったとされる。言うまでもなく、西村は安倍の叔父にあたる。第一次安倍政権のときから当人の相談に乗り、バックアップしてきた。

荒井は、首相退陣後のやせ細っている安倍を見るに見かね、気分転換を兼ねて自ら経営する温泉付きのスキー場へ来るよう誘った。と同時に、第一次政権で官房副長官を務めた的場順三ほか、官邸関係者ら数人を招待したという。そのなかの一人が、杉田和博だった。

「私は杉田さんのことはあまり知りません。杉田さんは荒井さんが呼んだのでしょう。それでたしかにお会いしました」

当の的場に聞くと、そう認めた。的場は晋三の父、晋太郎と交流があり、その縁で第一次政権の官房副長官に就いたとされる。それが、お友だち人事と酷評された。また第一次政権の発足にあたり、安倍は森喜朗内閣で自身の官房副長官秘書官を務めた井上義行を政務担当の首席秘書官に起用した。現在の政務秘書官である今井尚哉と同じ任だが、二人の経歴はかなり異なる。

井上は旧国鉄から総理府に転籍したノンキャリ官僚という異色の経歴が注目された。反面、首相の威を借り、北朝鮮問題で外務省をはじめとした他省庁の意向を無視し、独善的な秘書官だと批判を浴びた。第一次安倍政権崩壊の大きな要因として、政務秘書官の行動がしばしば挙げられた。

そんな第一次政権の傷を癒すために企画された温泉付きスキー旅行は、気分転換というより反省会の場と化した。

「安倍内閣のいちばんの弱点は、やはり秘書官だった。なんで井上なんかを政務の秘書官にしたんだよ」

安倍自身は今のようにアルコールを口にできなかったが、他のメンバーは酔っているせいもあり、人事の批判まで飛び出し、議論になった。アルコールの勢いを借り、話題は政権復帰に向けた人事構想にまでおよんだ。スキー合宿の〝反省会〟では、井上に次いで、第一次政権崩壊の元凶とされた当時の官房長官、塩崎恭久がやり玉に挙げられた。

「やっぱり塩崎じゃだめだ、次の（官房）長官は菅（義偉）で……」

話題は官房副長官にもおよんだ。官房副長官は霞が関の官僚の頂点に立つ内閣の要と位置付けられる。第一次安倍政権で副長官だった的場がその場にいる。さすがにそこへの批判はなく、的場に代わる官房副長官の候補として、何人かの名前があがった。

「副長官はやっぱり漆間《うるま》さん、それが駄目なら丹呉さん、そのあたりじゃないかな」

〇七年まで警察庁長官だった漆間巌は、小泉純一郎政権時代に五人の拉致被害者を奪還した訪朝の立役者の一人だ。安倍の信頼も篤かった。また財務省のエースだった丹呉泰健《やすたけ》もまた小泉の首相秘書官として内閣を支え、〇九年には事務次官に就いた。いずれも霞が関のスーパーエリートである。

むろんこの時点では、安倍の政権復帰など現実離れした話というほかない。だが、意に介さず、もう一人副長官の候補にあがった人物がいた。それが杉田だ。

杉田もまた小泉政権時代に内閣危機管理監を務めた。北朝鮮問題にも精通している。安倍と直接仕事をした経験のなかった杉田はこのとき、スキー合宿に招待され、すっかり打ち解けた。

杉田や的場らスーパー官僚たちは、第二次安倍政権の青写真を描くと温泉に浸かりホテルで一泊して帰京した。安倍だけは、夫人とともに翌日、スキーを楽しんだという。

第二次安倍政権が発足する五年近く前のことである。杉田が官房副長官になる端緒は、ここから開けた。杉田は官房長官の菅やその影の和泉と同じく、第二次安倍政権になってから官邸入りした。杉田の言動が報じられる機会は驚くほど少ないが、その官邸における存在感は際立っている。

カンボジアの一件で左遷

警察庁出身の官房副長官、杉田和博は、首相秘書官や首相補佐官といった「官邸官僚」の上位に立つ。同じ警察官僚で現在、内閣情報官を務める北村滋との杉田・北村ラインで安倍政権のインテリジェンス情報を握り、守護神として機能してきたとされる。加計学園問題では、「総理のご意向」文書の存在を告白しようとした元文科事務次官、前川喜平の出会い系バー通いが、突如不自然な形で読売新聞に報じられた。この件について、前川に従前から再三警告を発していたのが杉田だ。

終戦四年前の一九四一年四月、埼玉県に生まれた。埼玉県立浦和高校から六六年三月に東大法学部を卒業して警察庁に入庁した杉田は、警察キャリア官僚の出世街道である警備・公安畑を歩んできた。在フランス日本国大使館の一等書記官を経験し、八〇年に警備局外事課の理事官となる。以来、警備・公安畑のなかでももっぱら外事関係の任務をこなしてきた。

八二年、中曽根康弘内閣で官房長官を務めた後藤田正晴の秘書官となる。そこから首相官邸とかかわっていくのだが、警察庁にはライバルがたくさんいた。なかでも若い頃の杉田のライバルとして名前が挙がるのが、同期入庁の田中節夫だ。田中と杉田は、将来の警察庁長官と警視総監という警察の二大ポストを争うと目されてきた。

警察庁では、有力なキャリア官僚たちの熾烈な出世争いがしばしば話題になる。杉田もまた、お決まりの派閥争いや警察内部の人間関係の綾に翻弄されてきたといえる。

鳥取県警本部長を経て八八年に外事課長に就任した杉田は、八九年警備局公安第一課長、九一年警務局人事課長と順調に出世してきた。杉田にとって大きな転機は、九二年に警察庁長官官房総務審議官としてカンボジアの視察に赴いたときかもしれない。

「九〇年代初め、警察庁次長で長官目前だった城内《きうち》さん一派で、呼び声の高かった一人が杉田さんでした。オウム事件のときに公安部長になる櫻井勝さんや、のちに防衛庁の審議官になった石附弘さんたちとともに、将来の長官候補と呼ばれていました」

そう説明するのは、九二年からカンボジア平和維持活動（ＰＫＯ）で日本の文民警察隊長を務めた山崎裕人《ひろと》（七六年警察庁入庁）だ。ちょうど杉田の一〇年後輩にあたる。

「ところが、杉田さんはそこから神奈川県警本部長に飛ばされた。私が橋本龍太郎総理から直接聞いた話では、それはカンボジアの一件で城内さんの逆鱗に触れたからだったらしい。総務審議官として杉田さんがカンボジアの現地視察をし、大変厳しい状況だとレポートに書いた。それが派遣した親元の警察庁にとって批判めいたものに映り、城内さんの怒りを買ってしまったという橋龍さんの解説でした」

その〝左遷〟人事をおこなった城内康光は、杉田の八年先輩にあたる五八年警察庁入庁組で、九二年に長官に昇りつめた。もともと杉田は城内派のエースだったはずだが、カンボジアの視察レポートが、警察庁長官たる城内の汚点になることを懸念したのかもしれない。事実、杉田は九三年三月、神奈川県警本部長として赴任する。五二歳になるひと月前の唐突なこの人事は、警察庁内でとかく物議をかもした。

この頃の神奈川県警本部長は、大阪府警本部長と同様、警察庁内における上がりポスト扱いだった。もはや杉田は警察庁長官、警視総監というツートップに昇りつめることが望めない。あとは防衛庁など他省庁への出向が待っているだけだ、と噂された。

もともと警察組織のトップを狙えるエリート官僚だった杉田は、これまで見てきた他の「官邸官僚」と同じく、いったん出世街道から外れた。だが、そこからもう一度運が巡ってきた。

内調からＪＲへ

神奈川県警本部長就任からわずか一年あまりのちの九四年七月、警察庁では國松孝次長官体制が発足した。杉田はその三か月後の十月、警備局長という花形ポストに返り咲く。つまり神奈川県警本部長の任期は一年半という計算になる。

城内に嫌われたはずの杉田が、なぜ本庁の警備局長としてカムバックできたのか。その理由はいま一つ定かではないが、國松と城内との確執の産物だという説も囁かれた。

そして杉田は警備局長として、オウム真理教事件や九五年三月の長官狙撃事件に遭遇した。長官を狙撃されてしまったこと自体は、本来、警備局長の大失態といえる。だが、今度は飛ばされることはなかった。

九七年四月、杉田は大森義夫から後継指名され、後任の内閣官房内閣情報調査室（内調）室長に就く。五二年、内閣総理大臣に直結する日本版ＣＩＡ構想からスタートした内調は、長らくインテリジェンス機関として機能せず、組織強化を悲願としてきた。杉田はそこで力を発揮した。先の山崎が語る。

「かつて内調室長の格は低かったんです。給与の指定職でいえば、省庁の事務次官級が警察庁長官で、総監がその一つ下。給与の格付けでいえば、内調室長は局長級に過ぎませんでした。ところが橋本政権時代の大森室長が、その内調室長の格を上げ、警視総監と同じにした。以来、内調室長は他省庁の審議官級より格上、海上保安庁長官や消防庁長官と同クラスになり、さらに次官級になったのです」

内調の格上げは、すでに政界から引退していたはずの後藤田正晴が、内調のインテリジェンス機能強化を働きかけた結果だともいわれる。後藤田たちが戦前の情報局復活を目指したともっぱらだった。

二〇〇一年一月の中央省庁再編に伴う内閣法の改正や内閣官房組織の改編により、内調室長はそれまでの政令ではなく、法で定められる法定の内閣情報官として組織的に改められた。と同時に、内調室長だった杉田は、初代の内閣情報官に任命される。さらにこの年の四月、内閣危機管理監となる。

危機管理監は官房長官を補佐し、危機管理に関するものを統理するポストとして一九九八年に新設され、歴代の警視総監が就いてきたが、杉田は異例人事として遇された。こうした杉田の抜擢は、官邸強化の一環でもあったといわれる。

もっとも、杉田が警察幹部として官邸に勤めてきたこの間は、橋本政権から小泉政権時代にかけてのことである。杉田本人は安倍とは縁が薄い。したがって二〇〇四年に危機管理監を退官すると、内調の外郭団体である財団法人「世界政経調査会」の会長に天下り、政権中枢から外れた。

同時期、杉田は民間数社の企業顧問として迎えられる。再就職先の一つがＪＲ東日本であり、ＪＲ東海だった。旧国鉄の民営化に携わった関係者が打ち明ける。

「杉田さんは、まずＪＲ東日本の非常勤嘱託になりました。元々、東日本には柴田善憲（元警察庁警備局長）という先輩が天下っていて、杉田さんを東日本に呼んだとされています。ＪＲ側にとって彼ら警察官僚の天下りは、労働組合対策でした」

民営化後のＪＲ東日本では、新左翼過激派の革マル派元副議長が率いた労働組合「ＪＲ総連」が、ＪＲ東日本元社長の松田昌士《まさたけ》と手を取り合い、総連以外の労働組合排除に動いたとされてきた。警察庁出身の柴田は、過激派や組合対策を担っていたが、他方で、相手方への情報漏れも囁かれた。国鉄民営化を巡っては、それぞれの民営会社が労働問題を抱え、首脳陣の思惑がぶつかり合った。

「国鉄民営化三羽ガラス」と異名をとった一人の松田に対し、もう一人のＪＲ東海を率いた葛西敬之《よしゆき》はライバル意識をむき出しにした。葛西もまた警察官僚時代の杉田の手腕に目をとめ、ＪＲ東日本から杉田を引きはがそうとした。今や杉田のプロフィールに「ＪＲ東日本」の記載は見当たらないが、実のところ、杉田はその後程なく、ＪＲ東海に非常勤顧問として迎えられ、東日本の役職と兼務し続けた。

「葛西さんの警察のブレーンが杉田さんより少し後輩の漆間巌さんで、愛知県警本部長を務めた関係で親しくしていた。漆間さんから杉田さんを推薦された葛西さんは、ＪＲ総連と一体化したＪＲ東と対立してきましたが、その中で杉田さんを欲しがった」

旧国鉄関係者がこう続ける。

「で、たまたま東大で地震関係の学科を専攻していた杉田さんの息子が、ＪＲ東日本と東海両方の就職試験を受けたのです。このとき葛西さんが息子を東海に入れようとした。実際、人事の担当部署にまで話が下りてきました。ＪＲでは就職の口利きが多いけど、息子さんも東大卒なので断る理由もありませんし、実力的にも問題ありませんから」

もとより息子の縁だけではないだろうが、杉田はＪＲ東海の顧問となる。結果的にそれが後の官房副長官就任への足がかりとなったといわれる。

財界の首相応援団「四季の会」を主宰している葛西が、第二次安倍政権発足後、新幹線の輸出やリニアモーターカーの建設事業で政府と連動し、ＮＨＫの会長人事にまで口を出してきたことは広く知られている。一二年十二月、第二次政権の発足にあたり、そのＪＲ東海の葛西が杉田を副長官に据えるよう、安倍に強く薦めたのだという。

「四季の会はもともと葛西さんの東大時代の同級生だった与謝野馨元財務大臣を応援しようと葛西さんが始めた親睦会でした。与謝野さんがそこへ安倍さんを連れて来て、いつしか安倍支援の会になったのです。葛西さんは見込んだ官僚たちを定期的に大森や品川の割烹や寿司屋に招いて意見を聞いてきた。杉田さんはその会の中心ですから、葛西さんが推したのは当然でした。安倍政権の政策は、葛西さんのブレーン官僚が発信源のケースが多いですから」（同前・旧国鉄関係者）

杉田に取材を申し込むと、頑なに拒む。「息子は実力でＪＲ東海に入った」と言葉少なに語るのみだ。一次政権崩壊後の反省スキー合宿からおよそ五年後、杉田は強力な官邸官僚として、官房副長官に就任した。

警察庁長官をめぐる怪文書

官房副長官はその名称のとおり、首相の女房役である官房長官の補佐役である。表には出ず水面下の行動を旨とするだけに、何をやっているのか一般には実像が伝わりにくい。

法務省の検事総長は別として、霞が関の省庁では、事務次官や長官が事務方のトップとされる。本来、官房副長官はその事務次官経験者から選ばれ、官僚の頂点に位置付けられる。政務系と事務系に分かれ、事務の官房副長官は国家公務員ではない特別職だが、各官庁を統べるキャリア官僚の総元締めのような存在といえる。

「官房副長官は内閣法で役割と数が決まっています。私の頃は、政務と事務で一人ずつ官房副長官がいて、役割分担がはっきりしていました。政務の副長官は、将来有望な衆議院の若手議員が選ばれ、もっぱら国会対策をします。一方、事務の副長官は各省庁の政策や法案づくりの意見を事前調整し、閣議にかける役割を担います」

そう解説してくれたのは、石原信雄だ。旧自治省の事務次官を経て一九八七年に竹下登内閣の発足に伴い、官房副長官の職に就いた。以来九五年の村山富市内閣まで、実に七内閣、八年にわたり副長官を務めてきた内閣の生き字引である。

「事務の官房副長官はときの政権と官僚組織との接点になる。官僚側の事情を政権に申し上げる立場にある一方、官僚組織に政権の考え方を周知徹底させる役割を持っています。政と官の接点に立って調整役をする」

石原が官房副長官の職務について、こう話した。

「旧内務省系統の厚生省や総務省、警察庁のトップが副長官になるケースが多かったのには、理由があります。まず財政、予算を扱う昔の大蔵省と外交の外務省の二つが突出して権限の強い役所ですから、そこから副長官を選んでしまうと、力を持ちすぎて霞が関のバランスが崩れる。的場さんだけは大蔵省出身で、最近の例外じゃないでしょうか。それでその二つを外し、内政万般を見通せる旧内務系官庁から副長官を選んできたのです」

警察庁出身の杉田もまた、霞が関の中央官庁に広い人脈を持っている。加計学園の獣医学部新設を渋っていた元文科省の事務次官前川とひとくさりあったのは、前述した通りだが、それも目配りの一環だといえる。

警察官僚として能力が高いだけに、副長官としてもあらゆる場面でその存在が見え隠れしてきた。天皇の退位に関する宮内庁や皇室への対応をはじめ、安全保障、沖縄の辺野古基地建設にいたるまで、席の暖まる暇がないほど政府の重要案件に駆けずり回ってきた。

おまけに二〇一七年八月からは、政務の官房副長官だった萩生田《はぎうだ》光一から内閣人事局長を引き継いでいる。人あたりがよく、はた目に温厚に見える杉田は、政治主導の旗印の下、首相の安倍や官房長官の菅の意向を実現させる内閣人事局の局長として強面の顔をもつ。霞が関の各省庁の幹部人事を一手に握り、官僚たちを震えあがらせてきたともいえる。

そんな杉田の出身官庁である警察庁では、一七年十二月、トップ人事を巡る怪文書が乱れ飛んだ。〈過般、警察庁・国家公安委員会に対して警察庁次長　栗生《くりゅう》俊一による国家公務員倫理法違反等事案を告発しました〉

怪文書は何通もあるが、そのうちの一通はそう始まる。額面通りに受けとめれば、杉田の子飼いである警察庁次長の栗生が警察庁所管のパチンコ業者と癒着しているという趣旨だ。官邸が推していた栗生の警察庁長官への昇格を阻止しようとした動きのように見える。

「怪文書といっても、資料付きでけっこう熱が入っています。栗生さんの警察庁長官就任は官邸人事と言われていましたから、そこに反対する警察庁内部、あるいはそこに通じるパチンコ関係者の動きなのでしょうね」

ある警察幹部は、怪文書を見ながらそう本音を漏らした。官房副長官の杉田は警察庁において長官経験者をもしのぐほどの影響力があるとされる。むろん警察庁長官人事でも無視できない。その杉田が栗生を推してきたというわけだ。半面、怪文書の中には次のようなくだりもある。

〈(怪文書の）筆者は内閣情報官北村滋氏であるとの話です。次の官房副長官争いを有位《ママ》に進めるべく栗生氏を貶めるために作成しバラまいたようですが、「政府中枢幹部」として記載した「杉田官房副長官」の手によって回収され、今はほとんど出回っていないようです〉

警察庁内の杉田・栗生というラインとともに、官邸においては、官房副長官の杉田と内閣情報官の北村の師弟関係もずっと伝えられてきた。二人は強固な警察ラインを築き、安倍政権における存在感を増してきたといわれる。にもかかわらず、あたかも北村が、杉田の推す栗生の警察庁長官就任を妨害するような話が出回る背景は何か。

「この怪文書は、杉田さんを追い落とそうとしているような内容でもあります。そうなると、さすがに北村さんによる怪文書作成はありえないでしょう」

先の警察幹部はこう見る。

「外事の専門家である北村さんは常にクールで、特定の誰かとベタベタするような姿は見たことがありません。しかし、杉田さんと安倍さんに対する態度は別。あのクールな北村さんが官邸では〝安倍晋三命〟みたいになって忠誠を示しているのには驚きました。それだけに安倍さんも、北村さんに絶大な信頼を置いていますが、官邸内では優秀であるがゆえ、やっかみも強いといえます。だから怪文書はむしろ意図的に杉田さんと北村さんの名前を出し、彼らを追い落とそうとしたのかもしれません」

これまで書いてきたように、首相の覚えがめでたい官邸官僚たちと霞が関の官僚たちとの確執もある。また、官邸官僚も一枚岩ではなく、互いにけん制しあっているのが実情だ。警察庁のトップ人事を巡る怪文書騒動は、そんな捻じれた構図を物語っているともいえそうだ。

北問題のトライアングル

怪文書に登場した北村は一九五六年十二月、東京に生まれた。東京の名門、開成高校から東大法学部に進み、八〇年に警察庁入りした。同期には元警察庁長官の坂口正芳や元警視総監の高橋清孝がいる。北村もまた杉田と同様、将来の長官、総監候補ではあったが、結果的に二人には敵《かな》わなかった。ちなみに現長官の栗生は、北村の一期後輩の八一年入庁であり、杉田のあとの将来の官房副長官候補である。仮に北村が杉田の後釜に座るつもりがあれば、強力なライバルになるのは自明だ。

警察官僚としての北村の経歴は、杉田の歩みとよく似ている。九二年から三年間、在フランス日本大使館の一等書記官として勤務し、九五年に警察庁警備局外事課理事官となる。このときの警備局長が杉田だ。師弟関係にあるとされる理由は、こうした歩みの重なりもある。ともに外事、インテリジェンス分野のスペシャリストとして鳴らし、九〇年代から北朝鮮問題に取り組んできた。

北村は小泉政権時代の二〇〇四年、警備局外事情報部の外事課長に就任した。そもそも安倍が北村を頼るようになったのも、北朝鮮の拉致問題からだといわれる。

「小泉訪朝後の拉致交渉で北朝鮮が持ち出してきた横田めぐみさんの骨をニセモノだと解明したのが、北村さんでした」

先の警察幹部がそう明かした。

「もともと警察庁の外事部門には、拉致問題に強い悔いが残っています。その前の失踪事件などで初期対応をしっかりしていれば、めぐみさんは拉致されなかった。それで北村さんはめぐみさんの骨についても疑い、いろんなところに鑑定を頼んだのです」

DNA鑑定の結果、北朝鮮側の提出した遺骨が真っ赤なニセモノだと判明したのは周知のとおりだ。安倍自身、官房副長官だった第一次小泉訪朝でその名を売り、次期首相候補に名乗り出た。二人は拉致問題で通じ合ったとみていいだろう。北村はそこから第一次安倍政権で秘書官に迎えられ、信を置かれる間柄になった。

北朝鮮の拉致問題といえば、最近になって首相の政務秘書官である今井尚哉も勇み立ち、「政府が一〇兆円を用意すれば俺が解決する」と番記者に嘯いていた件を前に書いた。今井は外務省としっくりいっていないが、北村とはウマが合うようだ。先の警察幹部がこう続けた。

「いかにも今井さんらしい発言ですが、それは北村さんの影響を受けているのでしょうね。今の官邸は、北朝鮮問題を〝総理、北村、今井のトライアングル〟で進めようとしているといわれます。それは誰もが認めるところでしょう」

本来、経産官僚の今井は北朝鮮外交について門外漢である。三人のなかでは、北村が北朝鮮対応の中心になっている。官邸内で囁かれる〝対北朝鮮トライアングル〟に今井が入るのは、首相の絶大な信頼のあらわれだとも評される。

今井はいまや総理の分身ではなく化身とまで称される。その今井と北村の二人は、ともに首相秘書官を務めた第一次政権が崩壊した後も、不遇の安倍を変わらず支えてきた。

二人の接点は意外なところにもある。民主党政権時代の二〇一一年、東日本大震災による東電の福島第一原発事故が勃発した。そのとき今井が資源エネルギー庁次長として原発存続に奔走した件は前に書いたが、実は北村もそこにひと役買っている。先の警察幹部が振り返った。

「福島第一原発事故のとき、使用済み核燃料冷却プールの水が干上がり、深刻な事態に陥りました。そこで米国政府が、日本にいる米国人を退避させようとした。このとき日本の対策は原発先進国のフランス頼みだったのですが、仏語の達者な北村さんが情報収集をしながら、騒ぎ始めた米国政府と交渉していきました。もちろん今でも公表できない部外秘で、交渉相手も明かせませんが、彼のおかげで政府全体が救われました」

煎じ詰めれば、北村は米国に対し、日本の原発事故処理を安全だと強調し、エネ庁の今井も原発の維持を掲げてきたわけだ。そこで二人の意見は一致したのだろう。

福島原発の事故後、ときの民主党政権では、再生可能エネルギーの活用に傾き、脱原発政策に舵を切ろうとした。そんな渦中の二〇一一年十二月、北村は民主党政権下で内閣情報官として官邸入りする。民主党の関係者が言う。

「北村氏の官邸入りは、仙谷由人元官房長官の強い要請だったと聞いています。北村氏は〇二年から徳島県警本部長を務めた際に地元の仙谷氏と知己を得て、能吏として評価されていました。するところが、ほどなく民主党は次の総選挙で自民党に惨敗するといわれるようになりました。

と北村さんは、次の政権を睨んで安倍さんのところへ足しげく通い始めた。総選挙の趨勢を含めたインテリジェンス情報を提供していたといわれています」

仮に事実なら内閣官房に所属する官僚として言語道断のように思える。半面、インテリジェンス情報の世界で生きる公安・外事の世界では、こうした動きもありうる話だそうだ。

原発事故から一年半後の一二年九月の自民党総裁選に勝利した安倍は、十二月に政権にカムバックした。第二次政権をスタートさせるにあたり、安倍晋三はエネ庁次長だった今井を政務秘書官に据えるとともに、北村を内閣情報官に留任させた。そこには、外野からは窺い知れない二人だけの信頼関係があるに違いない。

以来、今日にいたるまで、北村は安倍との面会回数が最も多い官僚と言われ、新聞の首相動静欄を見ると、一日に何度もその名が出てくる。

「特定秘密」の名付け親

そんな北村が、安倍一強体制の六年あまりの間に手掛けた政策として外せない一つが、一三年十二月に成立した「特定秘密保護法」だ。北村は法の名付け親と呼ばれる。新法では、「防衛」「外交」「特定有害活動の防止」「テロリズムの防止」に関する情報を「特定秘密」の対象とし、行政機関、つまり関係省庁がそれを定めることになっている。

半面、その「秘密」の範囲が曖昧で、政府にとって都合の悪い情報を恣意的に隠す危険性が高いと批判が巻き起こった。事実、特定秘密保護法の下では、佐藤榮作内閣時の沖縄返還における日米の密約のように政府に都合の悪い取り決めが隠されるのではないか、と危惧された。なによりマスコミの取材活動が制限される事態にもなりかねない。

世間の風あたりを気にしたせいか、実は安倍自身、特定秘密保護法については、さほど乗り気ではなかったとされる。むしろ、元外務事務次官の谷内正太郎が進めてきた国家安全保障会議（日本版ＮＳＣ）の設置に重きを置いた。ＮＳＣを通じ、米国情報機関とテロ対策などの情報交換ができればいい、という考えだ。

ところが杉田と北村という警察庁ラインが、その慎重な首相を動かしたとされる。北村たち警察官僚にとって、特定秘密保護法は悲願でもあった。

「ＮＳＣだけでは米国も納得しません。むしろＮＳＣを設置するためには、まず秘密保護法が必要なのです」

北村は安倍をそう説得したという。結局、政府は一三年十二月六日に参院で強行採決をして法を成立させる。が、そのせいで内閣支持率は第二次政権発足後、初めて五割を割り込んだ。

「名称がおどろおどろしすぎてまずかった」

この特定秘密保護法を推し進めた杉田・北村ラインに対し、とりわけ法の名付け親とされる北村に向け、政府内でもそんな批判の声があがった。だが、当の北村本人は動じない。

政府は法の施行に向け、年明けの一四年一月十四日、法の適正運用を諮る有識者の「情報保全諮問会議」を設置した。国家戦略特区諮問会議と同じく、民間の専門家からお墨付きをもらうという趣旨の会議だが、言うまでもなく主導したのは警察官僚の北村だ。情報保全諮問会議の座長には、読売新聞グループ本社代表取締役会長・主筆の渡辺恒雄が就いた。それも北村が直談判して説得したという。むろん支持率が低迷するなか、マスメディアの味方を増やす必要があると感じたからだろう。

特定秘密保護法の経緯や安倍との関係などを北村に尋ねるべく取材を申し込むと、弁護士を通じて文書で回答してきた。

〈特定秘密保護法の制定の必要性につきましては、民主党政権下の有識者会議でご意見を頂いております。その意味で、かかる法制度の定立は超党派の課題であったといえるかと存じます〉

特定秘密保護法は民主党時代から検討されており、安倍政権になってからの課題ではないと強調する。加計学園問題において、獣医学部の新設構想は民主党政権時代にもあり、それを安倍政権で進めただけだ、と弁明してきたのとよく似ている。あえて民主党政権のことを持ち出してきたのは、性急で強引にことを進めてきた安倍政権の悪印象を薄めたい、といったところだろうか。

首相の安倍の信任を得たインテリジェンスの専門家である北村は、自らの政策を次々と実現していった。一五年、シリアで起きたイスラム国による日本人ジャーナリスト殺害を機に、インテリジェンス機関としての「国際テロ情報収集ユニット」の創設にも乗り出した。

北村の主張する安全保障やテロ対策分野の官邸の機能強化について、反対する国民はあまりいないだろう。が、官邸という狭い中の治安機関だけに、そこには一定の監視機能や歯止めが不可欠だといえる。治安機関が必ずしも正しいとは限らないからだ。

コンプレックスをバネに

こうして次々と政策を実現していくなか、折悪く、北村のお膝元である警視庁に対し、不信を抱かせるようなトラブルも起きた。安倍や菅と親しいジャーナリストの山口敬之《のりゆき》による女性スキャンダルだ。

一五年六月、山口に対しフリーの女性ジャーナリストへの準強姦容疑で逮捕状が発令された。その警視庁の捜査に対し、北村が刑事部長に指示し、逮捕に待ったをかけたのではないか、と週刊新潮などが報じた一件である。

通常、逮捕令状は警察が東京地検刑事部の検事と慎重に検討した上で、請求する。容疑がジャーナリスト相手なので、なおさら慎重にならざるを得ないはずだ。そうして逮捕状が発令されていながら、とつぜん警視庁が捜査を中断したという。こんなケースはあるか、と複数の警察幹部に尋ねても、「レアケースだ」と明確な答えが返ってこない。

そこで北村にもこの件を尋ねた。するとこう回答してきた。

〈（週刊新潮の）取材活動自体が事実誤認、事実無根の前提に基づいてなされ、（中略）全体として事実無根です〉

ご丁寧に、法的措置を匂わせる新潮社宛の警告書まで添付してきた。が、その後、新潮社を訴えた形跡もない。

また、警察庁のトップ人事を巡る怪文書騒動についても質問してみたが、〈まったく関与していないのでコメントできない〉というばかりだ。インテリジェンスの専門家だけあって、こうした怪文書の類《たぐい》の扱いには慣れているのだろう。決まり切った必要最低限の答えしかしない。

反面、政権内における首相との関係については、質問内容以上に詳しく教えてくれた。たとえば安倍との初めての出会いについて尋ねると、〇七年の警察庁採用パンフレットにある「安倍晋三内閣総理大臣のもとで」と題した寄稿文を送ってきた。

首相との初対面は一九八九年三月、竹下登政権で幹事長を務めていた安倍晋太郎が順天堂医院に入院したときだそうだ。このとき安倍は秘書として父親に付き添い、北村は順天堂大学のある所轄の本富士《もとふじ》警察署長だった。

病室を見舞った北村は、そこで秘書官の安倍と、傍らにいた夫人の昭恵に会った――。そう感慨深げに書いている。初対面からすると、三〇年来の付き合いという計算になる。それだけ長く深い付き合いがあり、互いに信頼し合っているということなのだろう。

二〇〇六年九月にスタートした第一次安倍政権が一年で幕を下ろし、五年のブランクを経て復活した二〇一二年十二月からさらに六年半の歳月が流れた。合計七年半におよぶ長期政権は、お友だち内閣と揶揄された反省に立ち、憲政史上最長に挑むほど強靭になったと永田町や霞が関で囁かれる。

しかし、かつての側近政治のどこが変わったのか。官房長官は塩崎恭久から菅義偉に代わり、菅の旧知の和泉洋人が首相補佐官に就いて、いわば政策のプロとして実務をこなすようになった。また首相の分身である政務の首席秘書官は、井上義行から今井尚哉が引き継ぎ、官房副長官は的場順三から杉田和博がバトンを受け取った。こうしてみると、第一次政権との違いは、実務に長《た》けた官邸官僚たちがそばにいるという点ではないだろうか。

いまや名実ともに政権を動かしているその官邸官僚たちは、決して古巣の役所のトップを走ってきたわけではない。ある種のコンプレックスをバネにここまで昇りつめてきたといえる。そんなある意味異質な官僚たちが宰相の絶大な信を得て、思いのまま権勢を振るっている。裏を返せば、その権勢は首相の威光がなければ成り立たない。

いまや流行語になった「忖度」の原点はそこにあるのではないか。その結果、長年築かれてきた霞が関のバランスが崩れた。

そして現実の安倍側近政治に対する不信は、明らかな不正としてわれわれの目の前に現れてしまった。

三か月の停職相当で、退職金が五〇〇万円減って四五〇〇万円になる――。

森友学園への国有地売却を巡る決裁文書改ざんが発覚しておよそ三か月後の二〇一八年六月、財務省はようやく自らの調査結果を発表し、関係者の処分を決めた。公文書の改ざんには、二〇人の現役財務官僚がかかわったとされる。その主犯として処分されたのが、元理財局長の佐川宣寿である。

安倍本人や昭恵夫人のかかわりをはじめ、一四の関連文書の中で政権に都合の悪い三〇〇か所を削除し、書き換えていた事実に世間は驚愕した。前年の一七年の通常国会において佐川は、国有財産を預かる理財局の長として、三〇年間の保存義務が課せられている決裁文書の改ざんという禁じ手まで駆使し、政権を守り抜いた。その論功行賞により、財務省ナンバーツーの国税庁長官に出世する。すでに財務省の事務方トップである事務次官レースから外れていた佐川にとっては、財務省ナンバーツーのポストを射止めたかっこうだ。

しかし、明くる一八年三月になると、くだんの決裁文書の改ざんが明るみに出てしまう。前代未聞の公文書の改ざんは、就任間もない国税庁長官を辞任に追い込んだ。そうして財務省が実情を調査し、改めて処分が下された。その主犯の処分がこれである。

「極めて由々《ゆゆ》しきことであって、誠に遺憾です。私としても深くお詫び申し上げる」

まるで他人事のように形ばかりの謝罪をした財務大臣の麻生太郎も辞任しない。わずかに一七〇万円の閣僚給与一年分を返上するという責任の取り方に、世間は呆れかえった。

日本の憲政史上になかった大規模な公文書の改ざんや廃棄という事態。なのに、あまりに処分が軽すぎる。そう憤る国民は少なくなかった。

財務省の調査そのもののお手盛り感は言うまでもないが、振り返れば、財務省は森友問題について、いたく敏感になってきたように感じる。私は改ざんの発覚する前、財務省幹部たちに何度か会う機会があった。文書改ざん問題で「減給処分」を下された当事者たちだ。彼らに話を振ると、森友学園の理事長夫妻を指し、こう嘯いていた言葉を思い出す。

「あの手の強引な輩《やから》は、大阪にはたくさんいますからね。よくある話でしょう。だから近畿財務局も手を焼き、あのような値引きになったんです。関西の特殊事情でもあるといえますが、そのなかでもとくにあの土地は買い手が見つからないような特殊なところですから」

そんな話を何度か聞かされてきた。批判の矛先を変えたいのだろう、財務省幹部たちは決まってこうつけ加えた。

「加計学園のほうがよほど深刻ですよ」

ところが、いざ文書の改ざんが明るみに出て、改めて彼らに会うと、態度が変わった。

「財務省ではそれぞれの局が独立しているので、詳しい情報は伝わらないのです。それが何か不祥事が明るみに出たとき、自分を守るリスク管理の機能にもなっています」

したがって事務方トップの事務次官や主計局長、官房長などは、文書の改ざんを知らなかったのだと言い張った。だが、その実、森友問題のような政権を直撃する重大事に対し、事務方のトップがそれでは、組織としてなっていないことになる。自らがガバナンスがなっていないことを認めているような話だ。

調査結果によれば、首相や官邸はおろか、財務大臣や事務次官も改ざんの事実を知らなかったという。すべては当時の理財局長、佐川の「号令」により、理財局や近畿財務局の職員たちが、文書の改ざんや隠蔽に手を染めたと結論付けてきた。それが、憲政史上類を見ない公文書改ざんを犯した霞が関の調査骨子なのである。

財務省の内輪だけで進められてきた調査に対し、第三者機関設置の必要性を問われると、政府は「大阪地検の捜査が究極の第三者機関の調査だ」と煙に巻いてきた。挙句、その捜査は不起訴に終わり、立件できなかった説明もろくにない。

「周りで聞いたことのない重い処分。仮に現職だったら、もう公務員でいられないレベルだ」

停職三か月という佐川に対する処分について、内閣府の幹部などはそう言っている。裏を返せば、すでに公務員を辞めているので、痛くも痒くもない処分である。よくトカゲの尻尾切り、といわれるが、尻尾にも傷がついていない。

政権に都合の悪い決裁文書を改ざんし、交渉記録まで破棄してきた。国会であれだけの嘘をついてきた罪人は、本来、塀の中に落ちても不思議ではない。少なくとも免職の上、退職金返上というのが、最低限の罰ではないか。

この程度の調査結果で、国民に納得しろ、と言うほうがどうかしている。罪と罰のバランスが極めて悪い。

セクハラ対応のまずさ

森友学園の国有地払い下げを巡り、国会追及の矢面に立ってきた国税庁長官の佐川宣寿は、いとも簡単に職を辞した。財務大臣の麻生をはじめ他の幹部たちも、さしたる咎めを受けていない。それは霞が関の中央官庁にありがちな省益や組織防衛という意図が働いた結果なのかもしれない。

しかし最強の官庁と謳われた財務省を揺らしたのは、公文書改ざん問題だけではなかった。事務次官のセクハラ騒動が起きたのは、佐川の辞任からわずかひと月後のことだ。

財務省の事務方トップによるセクハラ騒動は、まさに公文書改ざんで内部調査を進めていたさなかの四月十二日に発売された「週刊新潮」の記事によって明るみに出た。文書改ざんの責任問題が燻《くすぶ》るなか、よりによってそれを取材しようとしたテレビ朝日の女性記者に対し、あからさまなハラスメント行為をおこなっていた。それはたしかである。公開された音声データの一部を紹介すると、次のような塩梅だ。

記者　佐川さんの証人喚問終わって、調査は続いていると思うんですけど……。いつぐらい（に調査結果が出るのか、どのくらいを）目処にしておけばいいですか。心構え（をしておきたくて）。
福田　わかんない。矢野に聞いてくれよ。
記者　矢野さんに聞いてもわからない。
福田　矢野が調査してるもん。
記者　矢野さんでとまってるんですか？
福田　矢野でとまってる。
で、僕はもう仕事なくなってるから。
福田　すいません、おっぱい触っていい？
記者　ダメ。要は近畿財務局としては失敗案件なわけじゃないですか。それを隠すというか、こんなことで国会が大変なことになったからといって、佐川さんが全部（責任を）請け負ってという〝かっこいい〟シナリオなんじゃないですか？

福田　かっこいいか？　佐川かっこいい？　佐川、身長低いの知ってる？　証人喚問でさらに株があがっているでしょ？
記者　証人喚問で株上がっている？
福田　そうだよ。
福田　だからさ、ウチの（担当の）毎日（新聞）のバカがさ、この前、車に乗ってきやがってさ、朝さ、しょうもない質問してきやがったから頭きてんだよ。
記者　どういうことですか？
車に乗ってきて？
福田　あれはなんですか（と聞かれた）。
しらねーよ！って（答えた）。
知らねー訳ないじゃないですか、って。
そりゃ知らない訳ないけど、俺が知らねーよって言ってるんだから、知らねーよって答えてるってことを前提に聞けよと……。キスしていい？

（　）内は筆者の補足である。取材したのはバーのようで、雑音が多く会話も途切れ途切れだ。財務省で進められている公文書改ざん調査の動向を知りたい記者に対し、次官の福田がはぐらかしている。それはよくある光景ではあるが、言うまでもなくそこにセクハラ発言が多く含まれているから問題になった。

「すいません、キスしたいんですけど〜」「お胸さわっていい？」「頼むよ。何カップ？　すっごい好きになっちゃったんだけど」……。

もっとも、週刊新潮が音声データを公表する事態は、誰もが予想できた。この手の不祥事は、個人スキャンダルに過ぎない。雑誌が世に出た段階で潔く次官の辞任を表明すれば、財務省へのダメージはここまで大きくなかったはずである。

だが、福田は音声が公開されてなお、編集されたものだと言い、名誉棄損による損害賠償請求をするとまで仄めかした。とどのつまり問題をここまで大きくしたのは、財務省の対応の拙さというほかない。辞任表明は雑誌が発売されて一週間近く経った四月十八日のことだった。そうして財務省では事務次官と国税庁長官というツートップがそろって不在、という異常事態を招いてしまう。おまけにその後任もなかなか決まらなかった。

決まらないトップ人事

〈財務事務次官に星野主税局長　福田氏の後任、財務省調整〉

朝日新聞をはじめ、全国紙が軒並み財務省の事務次官人事を報じたのが、六月三日の朝刊だった。言うまでもなくテレ朝の女性記者に対するセクハラ問題による福田淳一の事務次官辞任を受けた後任人事の報道である。

事務方ナンバーワンとナンバーツーがそろって空席、という異常事態が続いてきただけに、新聞各紙はむろん、マスメディアが人事の行方に神経を尖らせてきたといえる。

安倍政権に厳しい朝日や毎日だけでなく、政権寄りと見られる読売なども、次期事務次官として現主税局長の星野次彦の名を挙げた。だが、なぜかこの日、日本経済新聞だけが財務省人事に触れない、いわゆる特オチ状態になる。

それから一週間経った十日、その日経が、唐突にこう報じて関係者を驚かせた。

〈財務次官に浅川財務官　財務相が方針〉

日経とともに共同通信が、事務次官の最有力候補として財務官の浅川雅嗣と報じたのである。福田の後任事務次官として主税局長の星野を挙げる朝日や読売に対し、財務官の浅川を名指しする日経と共同。七月の定期異動が間近に迫った財務省事務方トップの次官人事で、有力紙の人事報道がこれほど決定的に割れた記憶はない。それほど、財務省のトップ人事が揺れ動いていたということの裏返しだ。

安倍一強政治の下、首相官邸によって霞が関が支配されているといわれて久しい。そして支配の対象は、日本最強の頭脳集団といわれる財務省も例外ではない。

図らずもそれを如実に物語っているのが、森友学園問題での財務省の対応だった。およそ八億円も値引きして国有地を払い下げた財務省は、土地取引における首相夫人と森友学園の不可解な関係に悩んだ末、あたかもそれを隠そうとするかのように公文書の改ざんに手を染めていった。ときの理財局長だった前国税庁長官の佐川が、安倍政権を守り抜こうとして無謀な犯罪行為に走ったのは、誰の目にも明らかだ。

挙句、組織そのものが揺らぎ、財務省は解体論まで取り沙汰される始末である。旧大蔵省時代から、ときの政権の政策を導き、首相を動かしてきた財務省は、往年の威光がすっかりナリを潜め、見るも無残というほかない。安倍一強政権に功罪があるとすれば、財務省の体たらくは、間違いなく罪の象徴ではないだろうか。

そんな崩壊寸前の組織をいかに立て直すか。生き残りをかけた組織防衛の必要に迫られている財務省の難関が、二〇一八年夏の事務次官や国税庁長官のツートップ人事だった。しかし、その人事にも、官邸支配が影を落としている。

通常、七月におこなわれる各省庁の主要幹部の定例人事は、事前に内閣人事局によって選抜され、六月中旬の閣議で決定される。森友・加計学園の問題で揺れていた一七年は例外として、その前年は六月十四日の閣議で、新任の事務次官人事が決定されている。それは、八月に各省庁の概算予算要求があり、財務省はそれぞれの予算要求に対処しなければならないからでもある。

だが、一七年に続き、一八年も財務省の幹部人事が大幅に遅れた。七月を迎えようとしているのに、いまだその見通しが立たなかった。六月の第三週に取材したある財務省主計畑の中堅幹部は、内情をこう嘆いた。

「民間企業を含めてどの組織でも同じですが、トップが決まらないと、その下の人事案ができません。財務省では、次官はむろん、局長や審議官が決まらない。したがってそれ以下の人事がすっかり滞ってしまいました。そのせいで七月に予定されていた重要政策会議のスケジュールを後ろ倒しにするよう各部局に通達があったほど。現時点でいつもより二週ほどすべてのスケジュールを遅らせていますが、それでもまだトップ人事がどうなるのか、見えてきません」

第二次安倍政権で一四年五月に新設された内閣人事局は、官邸による霞が関支配の力の源泉として知られる。加藤勝信や萩生田光一ら首相の側近代議士が、歴代の内閣人事局長を務めてきたが、本来、事務局は霞が関の事情を把握している高級官僚が担う必要がある。

そうして内閣人事局の発足から三年ほど遅れ、一七年八月から警察庁出身の杉田和博官房副長官に事務局長のバトンが渡された。前述したように、官房副長官を務める杉田は、他省庁の幹部官僚に広い人脈があり、適任だともいえた。以来、杉田は官房長官の菅義偉の指揮下、一府一二省庁の事務次官や局長、審議官といった幹部六八〇人の人事を一手に握り、官僚たちを震えあがらせてきた。ある意味、安倍政権における官僚支配の形がこれでできあがったともいえる。

半面、これまでにない官僚による政権への忖度が生じてきたと指摘されている。森友・加計問題を見る限り、現実に行政の歪みを露呈してきた。その典型例が、前代未聞の公文書改ざんで揺れた財務省であり、トップ人事を巡る官邸と財務省の攻防も見え隠れした。

エース温存のためなら

「もともと福田さんは、森友問題の責任をとって六月の次官退任という路線が固まっていました。実はそれを踏まえた人事も、五月の黄金週間明けに内定されるはずだった。福田さんの後任として岡本薫明《しげあき》主計局長の事務次官就任原案を官邸に提出する予定でした。ところが、そこへセクハラ問題が起きてしまいました。挙句、完全に人事が狂ってしまったのです」

そう説明してくれたのは、主税畑の別の財務省幹部だ。

財務省では、国家の予算を預かる保守本流の主計畑からの次官就任が、なかば既定路線になってきた。事務次官レースを勝ち抜くには、主計官、主計局次長、官房長、主計局長といった重要ポストの役職経験が不可欠だとされる。

岡本はその有資格者の一人である。〇六年から三年間、主計局主計官を務め、一二年に主計局次長、一五年官房長、一七年七月に主計局長の任に就いた。いわば財務省にとって、エース中のエースであり、事務次官就任は、順当な人事といえる。

だが一方で、森友学園問題が騒ぎになった官房長時代の最後の半年は、国会対応責任者として奔走した。いわば森友対応の当事者でもある。

おまけにセクハラ問題のせいで、福田が次官を退き、自らの就任が前倒しになると、着任早々、公文書改ざん問題の調査発表に直面することになる。ただでさえ、ボロボロになっている財務省で、再起を託されて登板するエースが、そこで火だるまになる危険性があった。

そうなると、森友問題が長引く恐れがある。世の関心はあくまで公文書の改ざんを指示したのは誰か、という点であり、疑いの矛先は財務省だけでなく、官邸にも向かう。そんな危惧から、官邸は予定された岡本の事務次官就任に難色を示したとされる。先の主税畑の財務省幹部が続ける。

「実際、岡本新次官の財務省原案は官邸から差し戻されました。それに代わり、官邸の意向で出てきたのが、星野主税局長の次官就任です。主税局長からのいきなりの次官就任はイレギュラーですが、税務畑からの次官就任はときおりあります。たとえば大蔵省時代に接待スキャンダルや金融不安で混乱したあと、主税畑の次官が登場しました。小川是《ただし》さんや薄井（信明）さんが国税庁長官を経て一九九〇年代後半に就任した。今はそのときと状況が似ているかもしれません。主税局長や国税庁長官はスキャンダルとは縁がないので、組織防衛のためには適任なのです」

旧大蔵省の主計畑で一〇年に一人といわれた大物次官がいた。斎藤次郎である。その斎藤が任期を二か月残し、九五年五月に篠沢恭助に前倒しで次官のバトンを渡した。それは計算ずくだったのかもしれない。斎藤は次官辞任後も省内に対する影響力を残した。斎藤の率いる大蔵省の主計局エリートたちは省内で「斎藤組」と恐れられ、隆盛を極めた。

ところが、その斎藤や後任の篠沢を襲ったのが、日銀・大蔵の接待スキャンダルだった。中島義雄や田谷廣明ら主計局の幹部たちが、高橋治則などのバブル紳士たちから派手な接待を受けていた事実が暴露され、そこから大和銀行ニューヨーク支店の巨額損失事件や住専への公的資金投入などの問題が次々と世に問われた。大蔵スキャンダルに直面した篠沢はわずか七か月で大蔵次官を追われる羽目になり、このとき国税庁長官だった小川是が急遽、次官に抜擢されたのである。

また薄井は山一證券や北海道拓殖銀行の破たん後、本流の主計畑が力を失っていくなか、次官に就任した。竹下登内閣時代、小川是の下で主税局税制第二課長として消費税導入に力を注いだ主税畑のエースだが、東大法学部出身ではない薄井の次官就任は池田勇人以来であり、いわゆる緊急避難的な一年限りの事務次官のショートリリーフとされた。

財務省はそうして不祥事があるたび、主税畑の力を借りながら、組織を建てなおしてきた。だが、あくまで本流は主計畑が握ってきたともいえる。その主計畑のエースが岡本である。

解体論まで囁かれるなか、星野主税局長のリリーフは、エースを温存し来年に備えられる。したがって官邸案は、財務省にとっても飲みやすいようにも思えた。

とすると、なぜ日経が報じたような財務官の浅川の次官抜擢説が飛び出したのか。浅川は主計局勤務も経験しているが、むしろ国際畑が長い。二〇一四年に財務省国際局長になり、一五年から財務官を務めている。国際畑だけに、こちらも身ぎれいだとされる。だが、次官候補に浮上した理由は別にあるようだ。

「浅川さんを推しているのは、麻生さんでした。麻生政権時代の首相秘書官だった浅川さんに対する信頼もある。が、それより財務省の守護神を自認している麻生さんは、なんとか組織を立て

直したいという思いが強い。浅川案は官邸ではなく、財務省サイドからの要請を受け入れたのだと思います」（同前・財務省幹部）

つまるところ、官邸側の意向として星野の名前が挙がり、財務省側はそれに浅川で対抗していたのだという。

ちなみに次官レースは、次官定年の兼ねあいにより、入省年だけでなく、候補者の年齢が大きく左右する。

岡本は一九八三年入省で、六一年二月生まれなので二〇一八年七月時点でまだ五七歳だ。一方、星野も同期入省ではあるが、五九年十一月生まれなので一年三か月ほど年長であり、五八歳になっていた。さらに浅川は彼らより二年早い八一年入省で五八年一月生まれだから、すでに六〇歳になっている。

組織の建て直しをだれに託すか。次官選びにおいては、この年齢差が重要となる。主税畑の財務省幹部（前出）は次のように推しはかった。

「とどのつまり財務省省内は、岡本さんを次官にしなければ組織を立て直せないという思いがあります。だからこそ、六〇歳の浅川さんをショートリリーフに立てたい。もし浅川さんがこけたら、次の一年で星野さんが次官になって、その次に岡本さんを持ってくる。そんな形まで考えているはずです。今度の問題は一年でほとぼりが冷めるとは限らない。岡本さんにつなげるまでに、そのくらいを想定していたのではないでしょうか」

官房長官の威光

かつて「大蔵一家」と呼ばれ、国家の舵取りをしてきた自負のある財務省には、ＯＢを含めた結束が強い。そのＯＢたちには、内心、後輩たちが安倍政権を守るためにこの数年間、無理を重ねてきたという悔しさもある。あるいは、ここまで組織を弱体化させてきた現役幹部たちに対する不満も燻っていた。

森友学園の土地取引については言うまでもないが、ここまで次官人事が迷走を極めた元凶のセクハラ問題対応については、若手官僚たちも似たような思いを抱いてきた。省内には相当なフラストレーションがたまり、次官や審議官、局長クラスに対する疑心暗鬼が渦巻いていた。

女性記者に対するセクハラを週刊新潮が報じた四月十二日当初、事務次官の福田本人は「セクハラの事実はない」と言い張り、財務大臣の麻生太郎も「更迭しない」と突っぱねた。だが、当人が女性記者をバーで口説いていた生々しい音声データが公表されるや、財務省は防戦一方になる。

その対応でとりわけ酷かったのが、顧問弁護士に被害女性の聞き取り調査を依頼した一件だ。あろうことか、そのうえで財務省は、セクハラ被害者に名乗り出るよう要請した。

「名乗り出なかったらこの被害女性はセクハラ認定されないんですか」

希望の党の代議士、柚木道義が国会でその件を質《ただ》すと、財務省官房長の矢野康治がこう言い放って顰蹙《ひんしゅく》を買った。

「（不祥事の）中身がわからないことには処分に至らないのは、これは世の常ですよ。その方（被害者）が財務省にではなくて弁護士さんに名乗り出て、名前を伏せておっしゃるということがそんなに苦痛なことなのかという思いであります」

さらに国会答弁で飛び出した「（私は）くそやろうという感じで報道されました」という矢野の〝迷言〟も悪評フンプンだ。先の主税畑の財務官僚もこう憤った。

「あの対応には驚きました。矢野さんは財務官僚のなかでも如才ないことで有名です。性格が明るいうえに腰が低く、発言は控えめで失敗を恐れる。悪くいえば太鼓持ちタイプともいえます。そんな人があそこまで強気で無茶なことを言うのだから、相当に必死なんだな、とも思いましたけど、あまりにお粗末というほかありません。もはや財務省が壊れかけている」

なぜこんな事態に陥ったのか、と聞くとこう嘆いた。

「とくに矢野さんは、財務省が犠牲になっても安倍政権を守らなければならないという意識が強いのでしょう。福田さんがすぐに辞めたら政権がもたない。そう考えた結果、あのような発言になったのでは。しかし、それでは財務省の組織防衛はできません」

福田がセクハラを否定し続けたのは、大臣の麻生や財務官僚の驕りから来る横暴だと指摘する向きも少なくない。が、その実、「あるものをない」と無理やり否定する姿勢は、安倍政権に共通した失敗の連鎖でもある。

森友やセクハラの問題で野党の追及の矢面に立ってきた矢野は八五年四月、一橋大経済学部を卒業して大蔵省入りした。九六年の主税局調査課長補佐就任を皮切りに、もっぱら主税畑を歩んできたエリート財務官僚だ。同期入省組には、ともに東大法学部卒で、国税庁次長となった藤井健志や大臣官房総括審議官の可部哲生がいて、省内では八五年入省三羽ガラスと呼ばれてきた。

ただし、東大法学部出身で、大学時代や公務員試験の成績がトップクラスでないと事務次官レースに乗れない財務省にあって、一橋大出身の矢野は常に三番手と目されてきた。次官レースでは、自民党政務調査会長の岸田文雄の妹と結婚した可部が半馬身リードし、主計局と主税局の両方の要職をこなしてきた藤井と競り合ってきたとされる。主計にあらずんば人にあらず、といわれてきた財務省で、一橋大出身で主税畑の矢野は、やはり二人の後塵を拝してきた。

しかし安倍政権下では、そんな次官レースの様相が一変した。矢野が次官レースのトップ争いに加わったのだ。その波乱の要因が、内閣人事局を牛耳る官房長官の菅だという。

「三番手の矢野さんを引き上げたのが、矢野さんが官房長官秘書官として仕えた菅さんなのは間違いありません。矢野さんは、第二次安倍政権の発足以降、首相の政務秘書官である今井尚哉さんなどにも真っ向から意見を言ってきた。菅さんにとっては、頼もしい存在でもあったはずです」

改めて財務省主計畑の中堅幹部が、次のように解説してくれた。

「安倍総理自身は財務省に対して距離を置いている感がありますが、総理を頂点とする官邸内では、政策面における主導権争いが絶えない。その一つが、菅さんと今井さんのさや当てであり、菅さんにとって今井さんにものをいえる矢野さんは手放せない。大臣官房審議官として森友国会を乗り切った。その論功行賞で、官房長に抜擢されたのだと思います」

矢野は主税畑が長く、財務省内で保守本流ではない。したがって主流の官房長就任そのものが意外でもあった。大臣官房審議官のあとは、国税庁次長ポストに就くと目され、官房長には同期の藤井の就任が有力視されていた。しかし、それが逆の人事となる。

矢野が官房長に抜擢された理由は、官邸との近さだとされる。国税庁次長は、まさに税務政策の要となる。一方、官房長は文字どおり国会対策をはじめとした対外的な財務省の顔として、政権と一体になる。むろん最終的には首相である安倍の了承が必要だが、菅が矢野をその任に選んだのはむしろ当然だったのかもしれない。

菅にとって財務省における最も大きなブレーンは、二〇一五年八月に亡くなった元事務次官の香川俊介だった。香川は小沢一郎や与謝野馨をはじめ、与野党問わず実力政治家との交友で知られ、菅もまた香川を頼ってきた一人である。

矢野は香川亡きあとの財務省における菅とのパイプとして機能してきた。そして官房長に就任し、一時は可部や藤井を抜いて八五年入省組の事務次官レースのトップに躍り出たとまでいわれた。

森友問題やセクハラ事件の矢面に立ち、順当にいけば、次の次の事務次官候補でもあった。だが、念を押すまでもなく、森友問題における公文書改ざんに続き、次官のセクハラ騒動の対応を誤った。少なくとも、国民の目にはそう映った。

矢野は官房長として留任し、次官レースでも首の皮一枚残っているともいわれる。今夏、一九年人事ではさすがに続投はないだろう。森友問題に続く財務省スキャンダルでは、堅実に積み上げてきた財務官僚としての評価が地に落ちたと言わざるをえない。

第五章　「文科省」次官候補の裏口入学事件

予約入学

平成の市町村合併により塩山市や勝沼町が合体し、二〇〇五年十一月に誕生した山梨県甲州市は、日本有数の葡萄の産地として知られる。全国のワイン通が勝沼ワイナリーに集う。そのワインづくりを担う地元の農家は、夏の収穫期になると一家総出で忙しく働く。文部科学省前科学技術・学術政策局長の佐野太は、丘陵斜面に葡萄や桃の畑が広がる塩山地域の穏やかな農村に生まれ、高校時代までこの地で育った。

地元で評判の秀才が東京地検特捜部に受託収賄容疑で逮捕されたのは、葡萄や桃の収穫前、一八年七月四日のことだ。塩山は事件の話題で持ちきりになった。本人は逮捕と同時に役職を解かれたが、逮捕時の報道では「佐野前局長」となっている佐野は、事実上、現役局長のまま摘発された。

特捜部は佐野に加え、東京医大とのパイプ役を果たしたとする収賄の幇助《ほうじょ》容疑で医療コンサルタントの谷口浩司を逮捕した。一方、贈賄側の東京医大前理事長臼井正彦と学長の鈴木衛《まもる》については身柄を拘束せず、在宅のまま取り調べてきた。二人があっさり罪を認めたため、逮捕せずに捜査に協力させせたかっこうだ。当局の調べによれば、佐野が谷口を介して東京医大に接触し、裏口入学を頼んだという。いわゆる裏口入学事件である。

中央省庁本省の局長という高級官僚を検挙したとはいえ、容疑そのものは個人犯罪にすぎない。政治家や自治体の首長などが絡んだ組織的な疑獄事件を追うイメージの強い東京地検特捜部にしては、社会的な影響の薄い事件のように思える。反面、特捜部には別な狙いがあるようにも感じる。そんな事件を摘発できた決め手は、当事者たちが密談したときの音声データだった。二〇一七年五月十日のことだ。

「まあ、今年は絶対大丈夫だと思いますけど、もうあと五点、一〇点ほしかったね」

東京医大理事長の臼井がそう水を向けると、佐野が申し訳なさそうに頭を下げた。

「息子のことで申し訳ないです」

すかさず合いの手を入れたのが、会談をセットした医療コンサルタントの谷口だ。

「そこの差が、ちょっと頑張れるか、頑張れないかで（合否が決まる）」

話題は、東京医大側の請託に移った。今度は臼井が頭を下げる番だった。

「ですから、ブランディングのほうもぜひ」

佐野の腰が高くなる。

「正直申し上げると、前のやつは、かなり、やっぱ、何というんですかね。難しい状態でしたね」

そして、あくまで爽やかに応えた。

「じゃあ、この件は承りましたので」

最後は、佐野が息子の入学について念を押した。

「今度はきちんと勉強して」

その言葉を聞いた臼井が胸をたたいた。

「うちに予約しといてください」

コンサルタントの谷口は、絶妙な表現をした。

「それは予約入学ですね」

文科省の佐野は、その年の春に医大を受けて落ち、一浪している一人息子を東京医大に不正に入学させてもらおうとした。それが音声にある「予約入学」の意味するところだろう。

実際、一浪したあと、十九歳の佐野の息子は試験に加点してもらった。つまるところ、その加点分が賄賂にあたる。

〈受験おわったー!!!!春からたぶん東京医科大行きますセンター16日前なのに俺セブ島で何してんだっていうね〉

佐野の逮捕からほどなくして、こんなつぶやきがインターネット上に瞬く間に拡散した。ツイッターへの投稿そのものは、二〇一七年の年末だと思われる。二〇一八年度の大学入学者選抜大学入試センター試験の実施期日は、一月十三日と十四日なのだが、すでに〈受験おわった〉としているのは、「予約入学」できる確信があるからだろうか。ツイートはこう続く。

〈ここで年明けます来年もよろしく
俺ら間違いなく日本で一番幸せな浪人生だわ、受験やめよっかな。
浪人してよかったー!!!!!
生きててよかったー!!!!!〉

成り済ましでも悪戯《いたずら》でもない。これが、浪人中の佐野の息子本人による投稿だとされ、ますます世の非難が高まった。

国の文部行政に与る文科省の幹部が、バカ息子のために不正を働く。「予約入学」、つまり裏口入学が賄賂にあたる。

勾留期限を迎えた七月二十四日に起訴された佐野は、文科省事務方トップの事務次官を目前にしていたとされる。よりによって教育行政に与るほどのエリート官僚が、身内を東京医科大学に入学させるために手を汚したという。金銭ではなく、裏口入学が賄賂という極めて珍しい特捜事件である。

公僕の劣化に世間は開いた口が塞がらなかった。だが、汚職の原因や背景については、ほとんど報じられなかった。

賄賂の見返り

贈賄側である東京医大の臼井たちが「予約入学」の見返りとして期待したのは何か。それは、文科省が二〇一六年から始めた「私立大学研究ブランディング事業」なる補助金事業における便宜だった。佐野の息子が受験に失敗したのと同様、東京医大もまたこの補助事業に応募したが、あえなく落選していた。再チャレンジをするにあたり、文科省の高級官僚であり、浪人中の受験生の父親だった佐野に頼んだ。

つまり裏口入学という賄賂に対する大学側の請託が、文科省の補助事業に対する「選定」という位置づけだ。それが文科省のキャリア官僚をめぐる贈収賄事件の構図である。

事実、東京医大は翌二〇一七年度の「私立大学研究ブランディング事業」の対象校に選ばれた。事業選定とともに、大学側が受け取った年間三五〇〇万円の補助金が、賄賂の見返りに相当する。

「一八歳人口が減り、私立大学の数が増えています。そんななかで大学は、何か光る、抜きん出た研究がなければ、生き残りが厳しくなっています。その独自の研究テーマを支援するのが、文科省のブランド事業です」

補助金を出す文科省高等教育局視学官の児玉大輔（私学部私学助成課長補佐）は、補助事業の意義についてこう説明した。

「これまではスポーツの〇×大学などと、スポーツ分野で世の中に受け入れられてきた私大が多かったけど、本業の研究テーマでも、学校のブランドになる。わかりやすいところでいえば、近大マグロなどが思い浮かぶでしょう。こうした自分たちの研究テーマが文科省に採択されたとなれば、キャッチーな宣伝文句になり得る。文科省としては、大学の技術そのものにお墨付きを与えるわけではありませんが、研究体制が整っているという意味で、その事業を採択する。学校の看板として掲げる意味があるので、一七年度も一八八校の大学に応募いただきました」

ブランディング事業は、実施初年度の一六年に一九八校、二年目の一七年度は一八八校が応募した。応募総数は全国九二四校ある私大のおよそ二割にあたる。うち当選したのは、一六年度が四〇校で、一七年度が六〇校なので、単純に大学総数から計算した当選確率にすると、わずか四〜六%という狭き門だ。佐野の息子が裏口入学した東京医大は、初年度に事業に応募してあえなく落選し、翌一七年度に再チャレンジしてようやく認められたわけである。

このリベンジにあたり、東京医大が佐野を頼った。このとき佐野は官房長という要職にあったが、むろんブランディング事業の直接的な担当部署ではない。

「大学選定の権限もないし、タッチもしていない」

当人は特捜部の取り調べに対し、そう容疑を否認してきた。一方、検察側は佐野がコンサルタントの谷口を通じ、事業に応募する際の申請書類の書き方などを指南したとみて追及した。なにより、特捜部には前述した音声データがある。

「(申請書類を)出す前にちょっと、ご指導たまわることができれば」

五月の密談で、東京医大の臼井が申請の仕方について佐野に相談すると、はじめ佐野はもったいをつけるかのように、嫌がる素振りを見せた。

「（臼井）先生、抜本的に変えないといけないかもしれませんね。これの書き方の指導するってことは、違反になっちゃいますので無理なんですよ」

だが、さりげなく悪魔の囁きもした。

「いちばんの殺し文句はですね。これで、新しい学問領域をつくります。これが最終目的です、と体系化して新しい学問領域をつくるので、国際的なそういう支援が必要なんですと」

佐野がアドバイスした「体系化した新しい学問領域」が、事業選定を受ける決め手になるのだという。ちなみに首相の旧友である加計学園理事長の加計孝太郎が、獣医学部の新設を文科省はじめ関係各省に働きかけたときも「既存の大学にない新たな獣医学部」という条件が設定された。

「あくまで個人的にアドバイスしただけ」

逮捕された佐野は特捜部の取り調べに対し、そう嘯いてきた。だが、公募事業に関し、アドバイスすること自体が問題でもある。先に書いたように、佐野はその上で「この件は承りました」と胸をたたき、それが音声データとして残っている。もはやこれでは言い逃れができない。

ブランディング事業の大学選抜は公平を期す建前上、第三者の有識者審議会「私立大学研究ブランディング事業委員会」で審査されることになっている。二〇一七年度でいえば、まず、審議会の二六人の大学教授などからなる「審査部会」が個別の研究計画を採点して九〇校を選び、上位三〇校を合格とする。そのあと残る六〇校について、審査部会の上部組織にあたる「私立大学研究ブランディング事業委員会」のメンバー一一人が優秀と考えた大学に〇印をつけて、〇の多い順から三〇校を決定する仕組みだ。

最終合格する六〇校のうち、最初の上位三〇校は専門部会の採点によって決まるので、外部の意思が働きづらいかもしれない。が、残る三〇校の選定については一一人の委員の〇印による多数決のようなものだ。すると、委員にパイプがあればOK、という話になりはしないか。

そのブランディング事業委員会の有識者一一人は、高等教育局が選出する。佐野は同局の私学部参事官を経験している。委員のことを知ろうと思えば、たやすいだろう。なにより大学選びが、審議会のちょっとしたサジ加減で決まる。少なくとも特捜部が、佐野が委員会に影響を行使できた、と睨んで逮捕・起訴したのは間違いない。

農村のスーパーエリート

逮捕されるまで文科省の科学技術・学術政策局長だった佐野太は、一九五九年七月、山梨県塩山市（現甲州市）に生まれた。早大理工学部の大学院を修了し、八五年に科学技術庁入りした。文科省はその名称どおり、二〇〇一年の中央省庁再編にともない文部省と科技庁が合体して誕生しており、省内にはそれぞれの出身者がいる。

早大理工学部卒業の佐野は言うまでもなく理系のキャリア技官だ。科技庁時代の一九九一年には原子力政策課長補佐に就任している。そこから米スタンフォード大学に留学し、政策局企画室長や内閣府科学技術政策担当大臣の笹川尭《たかし》、尾身幸次の秘書官などを歴任してきた。省庁再編後は科技庁出身のエース官僚と目され、次官を目指してきた。

科技庁と文部省がいっしょになった文科省では、数の上では文部官僚のほうが多く、科技庁からの事務次官就任は狭き門だが、文科省のトップを目指すには、もとより学校行政にも精通していなければならない。そのため科技庁出身の佐野は、大学教育にも携わってきた。二〇〇四年、大学を所管する高等教育局の主任大学改革官を経験し、翌〇五年には私立学校法人担当の高等教育局私学部参事官に就任した。参事官は課長級とされ、文科省内の出世部門とされる初等中等教育局や高等教育局私学部の参事官は、いわば事務次官への登竜門だともいえる。〇七年には郷里の山梨大学へ出向し、副学長を務めたあと、一六年六月に官房長に就任した。

奇しくも東京医大との密談を重ねた渦中の一七年七月まで官房長の職に就いている。特捜部は国会や政権との橋渡し役を担う官房長の職務権限の広さを認定して摘発に踏み切ったが、本人にとっては官房長に就いた時点で、次官コースが見えてきたといえる。

当人の官僚人生は、霞が関のエリート官僚に見られるような順風満帆のそれともやや異なる。

「驚きました。太君があんなに偉くなっているなんて。三年ほど前でしたか、高校の同窓会があって同期が一〇〇人近く、石和《いさわ》温泉の旅館に集まったのです。太君は成績優秀だったので高校時代から出世しそうだったけど、想像もできませんでした。梨大（国立山梨大）の副学長になったとき、将来の事務次官という話が出て、まさに私たちの自慢でしたね」

事件を知ったあと、そう肩を落としながら語ってくれたのは、山梨県立日川高校時代の同級生だ。全国高校ラグビーの花園出場常連校である日川高校は、文武両道の県内屈指の進学校として知られる。旺文社創業者の赤尾好夫やテレビ朝日会長の早河洋、作家の林真理子などの母校でもある。日川高校の校舎は山梨市にあるので、佐野の生まれた塩山からはけっこう遠い。したがって当人はバスと電車を乗り継ぎ、優に一時間かけて学校まで通った。

事件発覚後、改めて佐野の生家を訪ねてみた。住所を頼りにタクシーでJR中央線の塩山駅から大菩薩峠に向かう。道路脇に広がるなだらかな斜面には、葡萄や桃の畑が点在している。二〇分ほど走ると、二〇世帯ほどの神戸《ごうど》という部落に生家が残っていた。

だが、木造の家屋は古く、すでに誰も住んでいない。近隣住人に聞くと、かつて佐野家では実父の陽一が「佐野製材」と「塩山土地開発」という看板を掲げ、製材業や不動産業を営んできたという。九〇代半ばの陽一は介護施設に入っていた。廃業した倉庫や資材置き場は荒れ果てていた。

「太さんには、いちばん上のお兄さんを筆頭に二人のお姉さんがいます。本人は四人きょうだいの末っ子です。もともとお父さんは牧丘（現山梨市）の方で、一人娘だったお母さんのところに婿入りされ、事業を始めたと聞いています。お母さんは早くに亡くなり、お父さんが家を切り盛りしていました」

そう佐野家の説明をしてくれたのは、近所に住む同級生の母親だ。このあたりはほとんどが桃か葡萄を栽培している農家で、佐野家のように事業をしている家は珍しい。取材に訪れたときは、酷暑のなか、どこの家も桃の出荷に大わらわだった。隣家の住人はこうも言った。

「お父さんは建築木材を扱っていて、今は単なる空き地になっているところで製材業をしていました。ただ、それだけでは苦しいので不動産業をやったりしていましたね。ごきょうだいは皆優秀で、大学まで出ていると思いますが、お父さんは一人暮らし。二〇年ほど前に製材業も廃業され、去年（一七年）、施設に入られましたので、空き家になっています。たまに息子さんがいらして家の前に車が止まっています」

一見すると、空気の澄む長閑《のどか》な片田舎の風景だが、どこも暮らし向きはそう楽ではないという。土間のある大きな屋敷に住んでいる五〇歳前後の男性に会うと、褐色に焼けた人懐こそうな表情をほころばせた。

「佐野のオジさんも、苦労されて大変だったのではないかな。俺も、ほれ、タバコはこれや」

手もとの煙草入れから茶色い葉を紙に移して器用に巻く。いまどき珍しい紙巻きたばこの紫煙を吐き出した。

「葉っぱは外国製なのだけど、これのほうが経済的なのでね。ここらはみな、そうやって工夫しながら暮らしているんです。佐野のオジさんも、製材や不動産だけでは息子たちを大学にやらせられんかったんと違うかな。家には商店の看板もあってね、タバコや米も売っていましたよ」

四人きょうだいの末弟である佐野自身は成績もよく、地元の神金小学校と塩山北中学校を卒業して日川高校に進んだ。一学年の生徒が四五〇人近い高校では、理系の進学コースを志望した。卒業アルバムを見ると、一クラス四〇人以上いるその三年七組は、ほとんどが男子生徒だ。女子はわずか三人しかいない。

アルバムには、化学部の紹介ページに佐野本人が写っていた。数少ない日川高校の女子生徒の同窓生が思い出を語ってくれた。

「二年生になるまで、佐野太君とは話をしたことがありませんでしたが、修学旅行で京都に行ったとき、たまたま会う機会がありましてね。私がお土産を買っていると、何人かの男子生徒にモーションをかけられましてね。ナンパにあったというか、囲まれてしまったのです。高校の制服を着ているのにずい分大人びているので、うちの生徒ではないと思って怖かった。すると、佐野太君がそのうしろのほうにいて、なあーんだ、となりましてね。それが妙に印象に残っています」

日川高校から早大理工学部に進んだ佐野は、そこから東京暮らしを始めた。早大の大学院を出て科技庁に入ったが、郷里に対する思いはひといちばい強かったのかもしれない。神戸部落の世話役は、こうも話した。

「佐野さんの息子さんは、東京から年始の部落の行事に参加していました。見晴らしのいい高台で初日の出を拝むだけですけど、たいていご長男と本人が見えていました。お嫁さんは見たことがないので、ご本人は東京に家族をおいてお一人で戻っていらしていたのでしょうね」

〇七年に文科省から山梨大に出向し、副学長となったときは、単身赴任だった。先の日川高校の同窓生が引き取って言った。

「そのあたりから、太君が山梨県知事選に出馬するのではないか、と評判が立つようになりました。地元で具体的な動きがあったかどうかについてはわかりません。けど、来年（一九年）一月の知事選に出るのではないか、という話もありました」

実際、定年を前にした佐野が、文科省の事務次官レースに敗れた場合、そうなったかもしれない。だが、その前に東京地検に逮捕され、人生そのものが暗転してしまった。

佐野家のある事件

エリート官僚の人生を狂わせた息子の裏口入学は、親バカと表現するにしても、あまりに軽率に過ぎる。受験前にセブ島旅行をして有頂天になっていた一浪息子は、その旅費まで収賄幇助で逮捕された医療コンサルタントに面倒を見てもらっていたという。息子は裕福な家庭の子弟が多い私立成蹊中学、高校に通い、野球部に所属していた。現首相の母校だ。中高といっしょだった古馴染の一人は、息子に対してあまりいい印象を持っていないようだった。

「本人はチャラいわけではないけど、いけ好かない感じはしましたね。父親がキャリア官僚であることを自慢げに言いふらし、名刺まで見せられた友だちもいます。成蹊は裕福な家庭が多いから、特別な家柄でもないけど、女を口説くときにも親父が官僚だと自慢していたらしい」

野球部では投手として活躍した。そこも旧友はけっこう辛辣に語った。

「成蹊高校野球部のレベルは、都道府県大会の予選レベル。彼は部内でちょっと上手い程度の選手でしょう。学業成績はよかったとも悪かったとも聞かないから、中くらい。何かが飛び抜けてできるというわけでもありませんでした。高校三年生のとき、授業で提出しなければならなかったパソコンのフォルダに悪戯し、教師に咎められた。そのとき揉めた一件は有名でした。彼は逃げようとしたのか、あるいは殴ったのか。教師が頭から血を流して大騒ぎになりました。それで、あとあとまで語り継がれたのです」

息子が家庭内で甘やかされて育ったのは想像に難くない。が、それは裕福な家庭にありがちな単なる過保護な教育とも、やや異なるように感じる。

子育てをしているこの間、佐野夫妻は大きな事件に見舞われた。それが、元文科大臣の小杉隆の妻、敬子が引き起こした詐欺事件だ。リクルート創業者である江副浩正の東大時代の同窓生である小杉は、目黒区選出の東京都議から新自由クラブブームに乗って一九八〇年に衆議院議員に転じた。その後、自民党に鞍替えし、九六年に文部大臣に就任する。佐野はその小杉の一人娘と結婚し、いっときは娘婿として文科省内でも幅を利かせてきた。詐欺で逮捕された小杉敬子は佐野の義母にあたる。政治家の長女と結婚したはいいが、その後は不運というほかない。

「もう二五年ほど前ですが、小杉後援会の婦人部長のおばあちゃんが佐野君を紹介してきて、小杉さんの娘と結婚させました。おばあちゃんは大正三年生まれなので、もう亡くなっていますが、小杉さんの都議時代から応援していた。たしか小杉さんの長男坊の結婚相手もおばあちゃんの紹介だったね。世話好きなんだ。三越百貨店のお客さま係をしている連れ合いの大正二年生まれのおじいちゃんと仲人をし、おじいちゃんが毛筆で結婚披露宴の案内状を書いて発送していました」

しぶしぶながら、そう回想してくれたのは、目黒区選出の小杉系都議だった小山敏雄だ。

「僕は一三年前（二〇〇五年）に都議を引退したのですけど、佐野君を僕の後釜にしたらどうか、と小杉さんに進言したことがありました。都議を一期でもやらせておけば、あとは小杉さんが引退しても後継者になれる。姓も違うので世襲批判もないしね。なぜそうしなかったのかはわからないけど、あとから考えると、あのときには奥さんの問題が起きていたんだな」

それが小杉の妻、敬子の引き起こした詐欺事件である。敬子は〇五年、当時の秘書と組んで後援者に儲け話をもちかけ、借金を重ねていった挙句、一四億円もの借財を残したまま翌〇六年十二月に自己破産してしまう。小山が続けた。

「もともと小杉さんの後援者は手弁当で選挙を手伝い、ボランティアで小杉さんを応援してきました。後援会には二〇〇〇人の幹部名簿があって、奥さんはそれを管理していて、その人たちの大半を騙してしまったわけです。だから、それはみなショックでした。小杉さん本人がお詫び行脚で支援者に頭を下げていると、（佐野の）仲人のおばあちゃんが、可愛そうだから、と言って正月のおせちを差し入れていました」

小杉は〇八年一月の衆院選に出馬せず、そのまま政界を引退する。妻の敬子は一〇年五月、秘書とともに詐欺容疑で警視庁に逮捕され、懲役六年の実刑判決を受けた。佐野夫妻はそれらの事件を目の当たりにしていた。

「僕は小杉さんとずっと連絡もとっていないし、今度の事件があって初めて報道で佐野君が文科省の事務次官候補にまで出世していることを知りました。事件のあと、佐野君がどのような仕事をしてきたかも知りませんでした。でも、あとから聞いてみると、ずい分出世している。霞が関の役人の世界で身内にあんなことが起きて、よくあそこまで出世できたな、と不思議でした」

先の小山はそう驚きを隠さない。前述したように、折しもこの間の〇七年、佐野は山梨大学に出向になり、義父の小杉が政界を引退したあと、文科省に戻っている。まるで義母の詐欺事件で郷里に避難し、ほとぼりが冷めてから改めて出世の階段をのぼってきたかのようでもある。

霞が関の高級官僚といえども、子弟を私大の医学部に通わせるのは、資金的にそう楽ではない。キャリア官僚の大卒初任給は二三万円で、年収にすると三五〇万円ほどしかない。民間企業の役員クラスに相当する局の審議官や局長級以上の「指定職」になってようやく年収一八〇〇万円前後になり、事務次官に就任すれば二三〇〇万円ほどをもらえる。が、一流企業の社長と比べると半分以下だ。

一方、私大医学部の入学金や授業料は、大学によってかなり異なる。ちなみに東京医大は私大医学部のなかで低いほうから一〇位に数えられるが、それでも入学金や授業料を含めた初年度の費用は七四〇万円、二年目以降も四四〇万円かかる。これに同窓会賛助費などの諸経費を加えると、六年間で三〇〇〇万円近い。

佐野の場合、施設に入居したばかりの父親はもとより、妻の実家をあてにすることもできない。それでも一人息子をなんとか医大に入学させようとした。

事務次官目前というところまで来ていた佐野は、そこから息子の裏口入学に手を染めた。山梨の郷里に思いを馳せながら、積み上げてきた官僚人生を台無しにしてしまった。それは、誰のせいでもない。

その佐野とともに受託収賄の共犯として逮捕・起訴された医療コンサルタントの谷口は、一八年七月二十六日、文科省の局長級ポストの国際統括官、川端和明に対する贈賄容疑で再逮捕された。川端は宇宙航空研究開発機構（ＪＡＸＡ）理事に出向していた一五年八月から一七年三月のあいだ、谷口から接待を受け、事業面で便宜を図ったという。接待費用の一四〇万円がＪＡＸＡの事業を受注するための賄賂にあたる収賄容疑だ。これも裏口入学に負けず劣らず、みっともない事件といえる。

文科省に限らず、中央官庁では、官僚たちのモラル崩壊が相次いでいる。東京地検特捜部が佐野に対する受託収賄の見返りと位置づける私大のブランディング事業は、安倍政権による大学改革の一環として二〇一六年からスタートした。初年度に手を挙げた私大一九八校のうち、四〇校が選ばれた。実に競争率五倍という難関を突破した大学のなかには、あの加計学園グループの二校もある。

文科省の新たな補助金給付対象事業の第一号私大の一つに選ばれたその加計学園は、さらに国家戦略特区構想制度を使った獣医学部新設に挑んだ。この間、文科省や首相秘書官から事前のアドバイスを受け、「依怙贔屓の末の裏口入学みたいだ」と野党から揶揄されたのは周知のとおりだ。バカな一人息子のために引き起こした現実の裏口入学事件は、それと似ていなくもない。

一八年七月四日、文部科学省の前科学技術・学術政策局長、佐野太の逮捕を事前にキャッチしていたマスコミは皆無だったという。文科省の高級官僚をターゲットにした受託収賄は、新聞各社の司法担当記者にも寝耳に水の事件であり、一様に驚きを隠さなかった。

もっとも司法担当記者たちが驚いた理由は、東京地検の捜査に気付かなかったからだけではない。役人の子弟の裏口入学は特捜事件としては極めて異質であり、違和感を覚えざるを得ないものだったからだ。

政権のパイプ役

私大の研究テーマに文科省のお墨付きを与え、ハク付けに寄与する――。手短にいえば、文科省が二〇一六年度からスタートさせたブランディング事業はそんなところだろうか。奇しくも大学の選定を始めたこの年の六月、加計学園問題で注目を浴びることになる前川喜平が文科省の事務次官に就任した。この前川と同じく、総括審議官から官房長に昇進したのが佐野である。そこから次官の前川と官房長の佐野というラインで国会対応をするようになる。わけても佐野は、官房長として政権とのパイプ役を担うようになった。

出来のよくない一浪息子を裏口入学させる代わりに、東京医大は文科省の「私立大学研究ブランディング事業」なる補助金事業の選定を佐野に頼んだ。といっても、補助金の金額はせいぜい年間三五〇〇万円程度でしかない。

裏口入学捜査は、国会議員をはじめとした権力者の横暴に立ち塞がるイメージの強い東京地検特捜部が手掛けるにしては、いかにも見栄えがしない。霞が関の高級官僚を摘発したものの、普通なら警察に任せるような事件ともいえる。事実、佐野逮捕の翌日から西日本を襲った豪雨やオウム幹部たちの死刑執行のせいで、報道もずいぶん分控えめになってしまった。にもかかわらず、あえて特捜部がここへ切り込んだのはなぜか。

その実、特捜部にはもっと根深い別の狙いがあるのかもしれない。それは決して深読みに過ぎるわけでもないように思える。少なくとも、そこに官邸と霞が関の暗闘に通じる背景がある、と指摘する官僚も存在する。

地検特捜部は、文科省が新たに始めたブランディング事業選定を佐野に対する賄賂の見返りと位置づけてきた。その事業選定で第一号となった私立大学のなかで、千葉科学大学と岡山理科大学の二校が目を引く。どちらも学校法人加計学園の経営する大学である。

折しも事業選定が始まった一六年八月は、文科事務次官に就任した前川が首相補佐官の和泉洋人をはじめ、官邸サイドから加計学園の進める獣医学部新設計画に賛同するよう、さまざまな圧力をかけられていた時期とピタリと重なる。

かたや総括審議官から官房長に昇進した佐野は、国会対応をはじめ、文科省内と政権中枢との調整役を果たす立場だった。まさにそんな微妙なタイミングで、加計学園が競争率五倍という難関を突破し、文科省の補助金給付対象事業の私大に選ばれているのである。

文科省の「私立大学研究ブランディング事業」は、一六年八月まで公募を受け付け、十月頃に文科省が大学を選ぶことになっていた。公募締め切りから大学選定までの期間はわずか二か月である。

その間、私大の理事や学長など一一人の「私立大学研究ブランディング事業委員会」と二六人の教授などからなる「審査部会」が個別の研究計画を採点し、決定する仕組みだ。表向き、第三者の審議会が大学を選定する建前になっている。そのため、事件当時官房長だった佐野は、「大学選定の権限もないし、タッチもしていない」と容疑を否認してきたわけだ。東京地検の関係者によれば、特捜部は次のようなスタンスをとってきた。

「特捜部は、佐野がコンサルタントの谷口を通じ、事業に応募する際の申請書類の書き方を指南したとみて、捜査を進めています。それだけで、職務権限がなくとも、事実上、大学の選定に大きな影響を与えられた、と。そのうえで、第三者の審議会への働きかけがあったかどうか、そこを詰められればいい、という考え方です」

前述したように、大学の選定方法はまず合格校の半分を二六人の「審査部会」による採点で選び、残り半分を一一人の「事業委員」の投票で決定する。すると、どちらかにパイプがあり、口利きできればかなり有利であり、わかりやすい。

ただし仮にそれらの外部の有識者に対する働きかけを立証できなくとも、アドバイスだけで贈収賄事件を成立させられる。それが、特捜部としての考え方のように受け取れる。その程度の立証でいいのかどうか、という点はさておき、前段までの事件なら証拠はある。谷口を介し、佐野と東京医大が息子の裏口入学とブランディング事業についてやりとりしていた「音声データ」などは、決定的な物証だろう。

くだんのブランディング事業において東京医大は、一七年度、「先制医療による健康長寿社会の実現を目指した低侵襲医療の世界的拠点形成」なる題目を研究テーマとして掲げた。簡単にいえば、低侵襲医療とは、手術などを避け患者の身体への負担を減らす治療のことだ。研究の中身は、前の一六年度に提示したそれとほぼ変わらない。

にもかかわらず一年後には、審議会の審査に合格した。四〇校から六〇校に当選が増えているとはいえ、かなりの競争率に変わりはない。そこがこうした選定事業における摩訶不思議なところだが、有識者による審議会は形骸化し、実務を担う官僚のサジ加減で決まるケースが多い。特捜部は職務権限のないように見える立場の官房長であっても、事実上、絶大な影響力を行使できた、と睨んでいる。そしてその構図は、獣医学部の新設について安倍政権が有識者の議論で決まったと言い張ってきた国家戦略特区諮問会議のケースとよく似ている。

加計学園との共通点

獣医学部の新設認可を巡る官邸サイドと文科省の前川喜平とのつばぜり合いは、すっかり有名になった。それとときを同じくし、加計学園は文科省のブランディング事業の第一弾として、その研究テーマを認められている。

文字どおり大学のブランド戦略に力を貸す。それがこの制度の趣旨であり、大学側にとってこの上なくありがたい。文科省のお墨付きを得るため、各私大は鎬《しのぎ》を削る。原則として一大学一つの研究テーマを掲げ、私学助成課に応募する仕組みだ。そんな文科省のブランド事業の出発点は、安倍政権の大学改革政策だという。

「きっかけは平成二十七（二〇一五）年六月の閣議決定『まち・ひと・しごと創生基本方針２０１５』で、地方創生のために研究イノベーションを大学改革に活かすべきだという方針が示されました。と同時に、『科学技術イノベーション総合戦略２０１５』を閣議決定し、イノベーションの環境整備として大学改革をやろうとなった。そういった政府の方針を踏まえ、文科省で事業を立案したのです」（前出・児玉）

問題になった国家戦略特区制度による獣医学部の新設は、この文科省の補助金事業が立案された二〇一五年から、その動きが加速する。理事長の加計孝太郎をはじめ、愛媛県や今治市が獣医学部新設のため、官邸や政府に働きかけていった時期だ。獣医学部新設計画を巡る一五年の動きは、加計学園や愛媛県・今治市による国家戦略特区担当の秘書官、柳瀬唯夫との面談がすっかり有名になった。

当初、首相官邸の面談を否定していた柳瀬が、愛媛県に残されていた文書により窮地に立たされたのは記憶に新しい。まさに獣医学部新設に向けた転機となった年である。改めて振り返ると、次のようになる。

愛媛県文書によれば、一五年二月二十五日、加計孝太郎理事長と安倍首相が面談。首相より「獣医大学の考えはいいね」発言あり（官邸、加計学園ともに面談の事実を否定）。

三月二十四日、加計学園側が首相官邸を訪問。柳瀬秘書官と面談。「内閣府の藤原豊地方創生推進室次長に相談されたい」と促した。

四月二日、同様に官邸訪問。愛媛県文書により「本件は、首相案件」というやり取りが判明。加計学園は午後三時から三時四十分まで会議、入れ替わるように三時三十五分から五十七分まで下村博文文科大臣が官邸にて首相と会談。

四月七日、加計学園の花見に安倍首相参加。加計理事長と面談。

六月、今治市が国家戦略特区申請。「日本再興戦略　改訂２０１５」により文科省が獣医学部新設の規制を見直す四条件を閣議決定。

この「日本再興戦略　改訂２０１５」で獣医学部新設が動き始め、同時期の「科学技術イノベーション総合戦略２０１５」を機にブランディング事業がスタートした。

まさにタイミングがピタリと重なるのである。

このあと年が明け、一六年になると、獣医学部新設を巡って官邸サイドから文科省に対するプレッシャーが高まっていく。文科省に残っていた一連の「総理のご意向」メモが示唆するとおり、省内では加計学園の獣医学部新設に異を唱える声もあがった。が、事務次官だった前川喜平が「しょせん蛇に睨まれた蛙」と本音を吐露したように、さしたる抵抗もできず、国家戦略特区の獣医学部計画はどんどん進んでいった。

加計学園の二校が応募した初年度のブランディング事業の大学選びは、まさにそんな渦中におこなわれていたのである。加計学園の研究テーマは、千葉科学大の「『フィッシュ・ファクトリー』システムの開発及び『大学発ブランド水産種』の生産」と岡山理大の「恐竜研究の国際的な拠点形成─モンゴル科学アカデミーとの協定に基づくブランディング」だ。首相の腹心の友が経営する学校法人は、大学改革の一環であるブランディング事業で極めて狭き門をすり抜け、さらに国家戦略特区の獣医学部新設へ向けてレールに乗ってことを進めていった。

加計学園で、獣医学部の新設を進めてきたのは中核大学の岡山理大だが、もう一つの千葉科学大でも千葉県の銚子市に開学準備を進めていた〇二年当時、「獣医水産学部」の新設を計画していた。それは断念せざるを得なくなるが、一六年のブランディング事業では、水産分野を研究テーマとして応募し、三七五二万円の補助金を勝ち取った。

むろんどれも加計学園の獣医学部新設が、騒動になる前のことだ。〇二年にいったん獣医水産学部の開設を見送った千葉科学大では、あきらめていたわけではなかった。愛媛県今治市で獣医学部を新設したあと、あわよくばその第二号として水産系の獣医学部の開校を目論んでいた。

二〇一七年四月投開票の千葉県銚子市長選に先立ち、出馬を予定していた野平匡邦は当初、水産・獣医学部の誘致を公約に掲げた。自治省（現総務省）の官僚だった野平は副知事として岡山県に出向していた縁で、加計学園理事長の加計孝太郎と知遇を得たとされる。総務省退官後、〇二年に岡山理大の客員教授となり、そこから銚子市長選に出馬して当選する。このとき加計学園の関係候補者として、千葉科学大の誘致を公約に掲げていた。野平が一七年の市長選に挑むにあたり、水産・獣医学部の新設を公約に掲げることは、むしろ自然の流れだったといえる。

だが、そこへ図らずも、今治市の国家戦略特区における首相の腹心の友へ依怙贔屓疑惑が浮上した。したがって野平はむろん、加計学園も千葉科学大の水産・獣医学部創設どころではなくなり、計画が雲散霧消した経緯がある。

一方、特捜部に逮捕された佐野太は、高等教育局私学部参事官として私大を担当し、官房長に就任したあとは予算にもタッチし、安倍政権との調整役を担ってきた。否応なく国家戦略特区問題にかかわらざるを得ない立場だ。一五年から一六年にかけた文科省のブランディング事業選定や加計学園をめぐるこれらの動きの重なりは、単なる偶然の産物だろうか。

加計学園の獣医学部新設も、野党から「まるで裏口入学」と追及されてきた。まさか、佐野がそれに倣って無理やり我が子を医大に入れようとしたわけはあるまいが、霞が関の官僚たちを翻弄した加計学園問題に対する不信は晴れないままだ。

第六章　封印された「地検特捜」

合点がいかない捜査の結末

八億二〇〇〇万円の値引きという森友学園への国有地売却の発覚から一年四か月後、大阪地検特捜部の捜査は不発に終わる。国民の目にそれは、すこぶるわかりにくい結末に映った。なかでも決裁文書の改ざんは、誰の目にも明らかである。財務省をはじめ、政府が森友学園の土地取引に関し、首相夫人の存在を隠そうとした。理由はそれ以外に考えられない。

〈森友文書、財務省が書き換えか　「特例」など文言消える〉

そう題された二〇一八年三月二日付の朝日新聞の記事により、公文書の改ざんが明るみに出た。

〈学校法人・森友学園（大阪市）との国有地取引の際に財務省が作成した決裁文書について、契約当時の文書の内容と、昨年2月の問題発覚後に国会議員らに開示した文書の内容に違いがあることがわかった〉

三〇〇か所にのぼる公文書の〝偽造・変造〟が、なぜ咎めなしなのか。やはり首相官邸が捜査を封じ込めたのか。

ごく素朴にそんなもってのほかの疑問が湧くほどの異常事態といえる。事実、捜査をした大阪地検はすべてを不問に付した。それはなぜか、検察にまで安倍政権に対する忖度が介在するのか。疑問を解くため、捜査状況を改めて振り返ってみた。

大阪地検特捜部による捜査の端緒は二〇一七年三月、豊中市議らがおこなった刑事告発だった。当初、特捜部が取り組んでいた容疑は、国有地の不当値引きによる「背任」、その背任を裏付ける交渉記録を廃棄した「証拠隠滅」や「公用文書毀棄」などだった。

問題の決裁文書の改ざんは市議らの告発の直前、二月下旬から四月にかけておこなわれている。「私や妻が関係していたということになれば、総理大臣も国会議員もやめる」

国会でそう抗弁した安倍発言を糊塗すべく、都合の悪い部分を消した。当初、政府は記録が存在しないと言い張っていたが、それどころか決裁文書にある当該部分を意図的に消していたのである。それは、自民党や財務省でさえ認めるところだ。

その改ざん後の決裁文書は、国会会期中に議員たちに公開された。複数の大阪地検の関係者に聞くと、捜査はすでにけっこう進んでいたという。

「特捜部は、告発直後の四月から財務省や国土交通省の事情聴取を始め、関係者たちから話を聞いていました。捜査の対象は背任であり、交渉記録を破棄した容疑でした。とくに背任は、国に損害を与える犯意をもって、値引きに応じたという立証が難しい。だから捜査は難航していました。そんなときたまたま見つけたのが、決裁文書の改ざんだったのです」

特捜部は、森友学園と交渉してきた財務省近畿財務局のパソコンからデータを押収した。その解析を担ったのがＤＦ（デジタルフォレンジック）センター準備室だ。その名称どおりコンピュータに残っているデジタルデータを復元する鑑識部隊である。

奇しくも大阪地検では、特捜検事による証拠改ざん事件を機に、ＤＦ準備室が新設された。特捜部の捜査実務を担ってきた資料課の優秀な四人のノンキャリ事務官たちがそこに配置され、データ解析を進めた。結果、決裁文書の改ざんに行きあたったのである。先の地検関係者の一人はこうも話した。

「大阪地検の検事たちは東京近郊の地方検察庁から応援検事を募り、彼らの手を借りながら霞が関の財務省や国交省の本省の役人たちを呼び出して事情を聞いていました。その一方、森友学園との土地取引で事務を担っていた近畿財務局と大阪航空局の捜査を進め、すぐにパソコンデータを押収した。といっても、パソコンそのものを持ち出すわけではなく、ＵＳＢなどでデータを抜きだし、その解析を進めてきました」

それが、国会閉幕中の二〇一七年夏から秋口にかけてのことだ。背任容疑の捜査に手間取っていた大阪地検は、まず先に公文書の変造容疑を固めようとした。先の関係者がこう打ち明けた。

「近畿財務局だけではなく、東京に出張して本省の理財局や国交省の事情聴取を進め、少なくとも一七年のうちには、事実関係を固めていました。霞が関の捜査なので、大阪地検の検事が東京地検の分室に出向いて捜査を進めていた」

折しも関西検察では、年明けの一八年二月二十六日、大阪高検検事長に上野友慈《ゆうじ》、大阪地検検事正に北川健太郎が就任した。二人とも大阪地検特捜部に勤めた経験がある現場の捜査検事として知られる。この関西検察のシフトは検察関係者の一部で「二・二六人事」などと呼ばれた。言うまでもなく、皇道派の青年将校たちが、当時の日本陸軍に反旗を翻したクーデター未遂になぞらえた呼び方である。さしずめ陸軍が安倍政権ということになるのだろうか。そこから司法のメスが、政権中枢を直撃するように受け取る向きもあった。

検察庁は法務省傘下の行政機関である半面、司法機関としての役割を担っている。わけても東京や大阪の地検特捜部は、ときの権力にも怯《ひる》まず、真実を解明してくれる。そんな淡い期待があった。

だが、やがてその望みは失望に変わっていった。大阪地検どころか、いまの検察に権力に切り込むことを期待するほうが、どだい間違っていた、と。だが、実は、世の期待に反し、霞が関の検察捜査に対する白けた空気は、もっと早くから漏れ出していた。

封じられた捜査

森友捜査における検察不信が漏れ始めるきっかけは、二〇一八年一月に予定されていた首脳人事だった。「二・二六人事」から遡ること二か月前の二〇一七年十二月二十六日、年明けの一月におこなわれる検察幹部の人事異動が閣議決定された。

そこで法務・検察の官僚や検事たちはもちろん、司法クラブの記者を含めた検察にかかわる者たちに衝撃が走った。大方の予想を覆し、法務事務次官の黒川弘務が留任し、法務省刑事局長の林眞琴が名古屋高検検事長へ異動することになったのである。

「これで森友学園の財務省案件の捜査は、絶望的かもしれない。検察庁を揺るがせた首脳人事は、その実、大阪地検の森友捜査を封じるためではなかったか」

ともに将来の検事総長候補と目されてきた二人の人事を巡り、森友学園捜査への影響がそう取り沙汰されるようになる。わけても黒川は検事として検察庁に勤めるより、はるかに法務省勤務が長く、法案作成や国会対応といった与党政治の窓口として実力を発揮してきた。その分、政治に近いとされ、官房長、事務次官とキャリアを重ねるうち、安倍政権の守護神と揶揄されることもあった。法務省事務方トップの黒川次官留任人事に対する不信が検察関係者のあいだから沸き起こるのは、無理のないところだった。この件について、ある大阪地検関係者はこう解説した。

「さすがに官邸といえども、検事総長や高検検事長の検察人事には介入できない。しかし法務省内の事務次官人事なら、内閣人事局の管轄だから、思いどおりになる。世間の風当たりを気にしたのか、この人事は表向き上川陽子法務大臣が決めたことになってはいますが、官邸に無断でここまでの人事ができるわけがない。というより、官邸の意思で黒川さんを事務次官に留任させたとみたほうが正しいでしょう。ここまで見せつけられると、森友捜査は地検マターではなく、政治判断という話になりますよ」

文字どおり奥の院の謀《はかりごと》だけに、特捜部の捜査にどう影響があったのか、真偽のほどは定かではない。ただ現に大阪地検の捜査が、立件に向かわなかったのはたしかだ。

「二・二六人事と呼ばれた大阪高検検事長と地検検事正コンビにはたしかに一部で期待があった。だけど、しょせん大きな流れを変える力なんかない。現に東京から参加した応援検事を四月に元に戻すという異動が決まっていた。だから、二月中には、財務省の佐川さんたちに対する不起訴の判断が出ていました。特捜部の山本真千子部長などは、最初からやる気を感じませんでしたし、もともと彼女は二〇一七年夏の異動が決まっていた。なのに告発があったせいで、いかにも捜査をやらされているような感じ。それでは現場の士気があがるはずもありません」（同地検関係者）

そんな折、飛び出したのが、〈森友文書、財務省が書き換えか〉と題された三月二日の朝日新聞朝刊の一面スクープだったのである。とうぜん取り調べの過程で、検察はもとより政府も改ざん自体は承知していたはずだ。だが、それより前代未聞の公文書改ざんが白日の下にさらされたという重みははかりしれない。財務省はもとより政府全体が青ざめた。

さすがに大阪地検もそこから、東京の応援検事の異動延長を決め、いったん捜査を仕切り直した。その後、消された決裁文書から安倍夫人の関与がはっきりと浮かんだのは、前述したとおりだ。おまけに財務省が国有地の値引きに関し、森友サイドへ口裏合わせの働きかけをしていた事実まで明るみに出た。

そうして下火になりかけた森友疑惑が、国民の目に現実の犯罪行為として映し出されたのである。取材をしていくと、ある高検検事長経験者もこうつぶやいた。

「大阪地検は一連の捜査で、文書の改ざんを見つけたが、それはあくまで副産物です。捜査の本丸は財務省の背任であり、そこに総理あるいは総理の周辺の共犯関係を立証しなければ、背任捜査は完結しない。その意味でハードルの高い捜査ではあります。しかし、だからといって事件として固められないものではない。背任に手を染める過程で、そこまでして総理周辺を庇おうとしたということを立件するかどうか。不可能ではない気がします」

仮に佐川を逮捕・起訴すれば、少なくとも公判の中で、なぜ犯行に手を染めたのか、誰の指示があったのか、それらを明らかにしなければならない。換言すれば、大阪地検はそこを避け、捜査の幕を閉じたともいえる。おまけに、幕引きの方針は一八年初めの段階ですでに決まっていたのである。

朝日新聞のスクープがなければ、来る三月に捜査を終結させようとした。となると、財務省の公文書改ざんという罪は世に問われることもなく、密かに闇に葬られた危険性すらある。しかし、そこから仕切り直したはずの捜査にも、さしたる変化はなかった。まさに、「政治判断による捜査終結」という以外に言葉が見あたらない。

一八年五月三十一日、大阪地検特捜部長として山本真千子は、前理財局長の佐川をはじめ告発された財務省関係者ら三八人全員の起訴を見送ったと記者発表した。不起訴なのに記者発表するのは異例だと評価する向きもあるが、案の定、不起訴の理由は詳《つまび》らかにせず、「捜査を尽くした」と繰り返すその言葉がむなしく響くばかりだった。

「官邸の守護神」

検察庁法一五条によれば、〈検事総長、（最高検）次長検事及び各検事長の任免は、内閣が行い、天皇が、これを認証する〉とある。制度上、法務・検察の首脳人事は内閣が決めることになっており、検事正以下の検事や検察職員、法務省職員の人事については、法務大臣が人事権を持っている。しかし法務・検察組織のなかでも、検察庁の幹部人事だけは、これまで内部の意向が反映されてきた。それは捜査機関である検察庁が、政治から独立していなければならないからだ。

事務次官を役人の最高位とする他の霞が関の省庁のそれとやや異なり、法務・検察組織の首脳は、検事総長を頂点とし、次いで東京高検検事長、最高検次長検事、大阪高検検事長、法務省の事務次官という序列になる。全国に八つある高検の検事長は天皇の認証官でもあり、それだけ格が高い。なかでも東京高検検事長は通常、検事総長に昇りつめる前の待機ポストとされ、文字どおりのナンバーツーに位置付けられている。

一方、他の省庁なら官僚のトップに位置付けられる法務省の事務次官は、法務・検察のなかではナンバーファイブという序列になる。

関係者に衝撃の走った一八年一月の人事で事務次官に留任した黒川は、もとはといえば、二年前の一六年九月の人事で官房長から次官に昇進した。なぜ、黒川の留任が森友学園の捜査に影を落とした、といわれるのか、その理由は本人の政権との距離感にある。

黒川は第二次安倍政権誕生前年の二〇一一年八月から一六年九月まで、五年以上も官房長を務めた。そこから一九年一月まで二年あまり事務次官として、法務省内の事務方トップだった。安倍政権との関係に限っていえば、国会対応をする官房長として三年八か月、事務次官として二年四か月の合計六年あまり、法務省にいて安倍政権を支えてきた。

官邸の守護神――。

黒川は、永田町や霞が関で皮肉を込めてそう呼ばれる。今の言葉を換えれば、法務・検察における「官邸官僚」といえるかもしれない。

法務省の事務次官が法務・検察全体におけるナンバーファイブといっても、むろん軽いポストではない。法務・検察の首脳人事は、事務次官や官房長、刑事局長といった法務省の要職を務めてきた赤レンガ派のキャリア検事と現場の捜査経験を重ねて出世する捜査検事の二種類に大別される。東京や大阪、あるいは名古屋の地検で特捜部長になるのは、現場のエリート捜査検事だ。そこからトップの検事総長になるケースもある。

わけても日本最強の捜査機関と謳われる東京地検特捜部長は特別扱いされる。不祥事などで検察の信用が落ち、法務・検察組織が揺らいだときなど、地検の特捜部長経験者が検事総長となり、組織を建てなおしてきた。

古くは一九六〇年当時、相場師として名を馳せた鈴木一弘による大規模恐喝事件を検挙した布施健《たけし》、あるいは日米の航空界を揺るがせた七八年のダグラス・グラマン事件を挙げた吉永祐介、さらには八一年に株の仕手集団「誠備グループ」の脱税を摘発した岡村泰孝を思い起こす。また比較的新しいところでは、二〇〇〇年の若築建設・石橋産業手形詐欺事件を手掛けた笠間治雄も、東京地検特捜部長から検事総長に昇りつめた。

なかでも吉永の検事総長就任は、検察関係者のあいだで伝説的に語り継がれている人事といえる。東京地検特捜部の副部長・主任検事として一九七六年のロッキード事件捜査の指揮を執った吉永は、そこから東京地検特捜部長となり、東京地検の検事正を経て広島高検検事長、大阪高検検事長を歴任した。ときの最高権力者、田中角栄を挙げた捜査の鬼も、赤レンガ派には敵わず、大阪で六三歳の定年を迎えるものと見られた。

ところが、そこへ東京佐川急便事件が起きる。特捜部のターゲットは、東京佐川側から五億円の政治献金を受け取っていた金丸信とされた。が、世の期待に反し、特捜部は九二年九月、金丸に対し政治資金規正法違反による罰金二〇万円の略式起訴という形式犯の処分で済ませた。とうぜんのごとく検察批判が巻き起こり、検察庁前の石碑にペンキがぶっかけられる事件まで起きた。

「吉永は、どこにいるんだっ」

このときそう言って大阪高検検事長の吉永を東京に呼び寄せたのが、法務大臣に就任したばかりの後藤田正晴だったと語り継がれる。

事実、吉永は広島、大阪という両高検検事長から東京に戻り、三つ目の高検検事長を経て検事総長に昇りつめる。大阪高検検事長から検事総長に就任することも、制度上は不可能ではないが、東京高検検事長は検事総長になるための必須条件ともされている。三つの検事長経験とは、検察史上まれに見る特殊なケースといえる。

もっとも、後藤田が吉永を東京に呼び戻したというのは、ややできすぎた話のようにも思える。金丸に対する罰金処分で巻き起こった激しい検察バッシングのさなか、特捜部はすぐさま動いた。東京国税局査察部と連携し、密かに金丸の捜査を続け、罰金処分からわずか半年後の翌九三年三月、改めて脱税容疑で逮捕する。いざ特捜部が永田町パレロワイヤルの金丸事務所を家宅捜索すると、そこにある大きな金庫には金塊や割引金融債ワリシンが眠っていた。それがまた、評判となった。

この金丸逮捕により、東京地検特捜部は汚名をそそいだ。吉永が東京高検検事長として東京に呼び戻されたのは、そのあとの同年七月である。つまり金丸捜査の指揮をとったり、捜査のゴーサインを出すラインとして、東京に呼び戻されたわけではない。

では、なぜ三つの高検検事長の歴任という異例の人事を断行してまで吉永を検事総長に据えたのか。それは後藤田という政治家のなせるワザではなく、法務・検察が政治との癒着を気にしていたからだろう。

折しもこの頃、盟友の竹下登とともに金丸が率いていた自民党最大派閥の経世会・竹下派は、政界を席巻し、一強体制を築いていた。法務・検察のなかで、その経世会の支配する政府・自民党政治の折衝、パイプ役として機能していたのが、法務事務次官の根來泰周《ねごろやすちか》だった。根來は典型的な赤レンガ派の法務官僚として知られる能吏である。

だが、反面、根來に対しては、現場捜査検事からの不満が燻ってきた。最強の捜査機関と謳われる東京地検特捜部も、その実、政治家のかかわるような大疑獄事件を扱うのはまれであり、しばしば政治の圧力に屈してきた。それだけに特捜部存亡の危機に瀕したあとの体制づくりについては、現場捜査派の声が大きくなる。吉永の検事総長就任は、そうした法務・検察内部の声を拾いあげた結果だった。

そうして法務・検察の組織建て直しの期待を寄せられ、吉永は九三年七月、東京高検検事長の椅子に座る。むろん次期検事総長含みの人事であり、半年後の十二月、検事総長に昇りつめた。

一方、赤レンガ派の代表的な存在だった根來もまた九三年十二月、三年半務めた事務次官から吉永の後任の東京高検検事長に就任した。事務次官から検事総長というコースは、まさに法務キャリアのメインストリームだ。根來もまた検事総長を目前にしていたといえる。

だが、一九三二年二月生まれの吉永は、そこで奇策を使った。九六年一月、土肥孝治《どひたかはる》にあとを任せ、総長を退任する。それは、根來に検事総長の椅子を渡さないようにするためだったとされる。三三年七月生まれで吉永より一年半歳下の土肥は、この時点でまだ六二歳、検事長の定年まで残り半年ほど猶予があった。京都大学卒業の土肥は法務省勤務経験も豊富だが、捜査指揮にも定評があった。九一年七月、大阪地検検事正として戦後最大級の経済事件と呼ばれたイトマン事件にも着手した。その手腕を評価していた吉永が、土肥を検事総長にするため、根來の定年を待って検事総長を退任したのである。

現に、根來は吉永の奇策のせいで九五年七月、六三歳の検事長定年を迎えて検察庁を去った。のちにプロ野球の日本野球機構コミッショナーとして活躍するが、ヤメ検のＯＢとしても検察の捜査現場にはかかわっていない。

吉永が根來に総長の椅子を譲らなかったのは、法務・検察の捜査の建てなおしのためだともいわれる。事実、この時期は赤レンガ派を含めて法務・検察組織がまとまり、検察全体の威信が保たれたのはたしかだろう。

検察庁の首脳人事で、捜査経験を重視するのは、権力の腐敗や暴走を食い止める司法機関としての役割を担うからである。それゆえ東大法学部卒業のキャリア官僚でなければトップになれない、他の霞が関の省庁とは、かなり人事の事情が異なる。比較的近いケースでいえば、笠間もまた大阪地検の証拠改ざん後、急遽、検事総長に抜擢された。

もっとも検事総長となると、やはり東大や京大卒の法務省キャリアの赤レンガ派から選ばれる傾向が強いのもまた否めない。とりわけ最近はそのトレンドが色濃く、法務事務次官、東京高検検事長を経ていないと総長になれないとされてきた。近頃では、事務次官が総長への大きな登竜門だとされる。

もとはといえば、まず、その事務次官就任を巡り、同期の黒川と林が争ってきた。結果、二〇一六年九月の人事で大方の予想を覆し、黒川がその座を射止めた。そこには政治の力が働いたとされる。二人の検事総長レースを巡っては、安倍政権で新たに導入した内閣人事局が、大きくものを言っている。

差し戻された人事

霞が関の各省庁では、内閣官房に設置された内閣人事局に部長級以上の人事原案を提出しなければならない。安倍政権では内閣人事局の新設について、官僚をグリップするためだと公言してはばからない。それはむろん法務省も例外ではない。政権が霞が関の人事にどうかかわるのか、そのあり様についての詳細は次章に譲るが、内閣人事局は原則として他の省庁と同じく、法務省の幹部人事についても一元管理し、あれこれと要求を出す。一六年九月人事を前にした七月には、法務省が法務・検察の幹部人事案を内閣人事局に提出した。

当時、検事総長だった大野恒太郎が翌一七年四月一日に六五歳の誕生日を迎えるにあたり、前年の一六年九月に退官し、東京高検検事長の西川克行が検事総長に昇格、事務次官の稲田伸夫が仙台高検検事長へ異動することに決まった。稲田は次期検事総長とされ、仙台高検検事長の次には東京高検検事長ポストが用意されていた。

かつての赤レンガ派の総長候補エリートは、他の高検に異動することなく、法務省から東京高検検事長、そして検事総長とストレートに階段を駆けあがってきたケースも少なくない。だが、それだと捜査現場の指揮・統括を経験できないため、一度は地方の高検検事長を経験させる方針に変わってきたという。したがってここまではしごく順当な人事ではあった。

むしろこのときの法務・検察人事の焦点は、黒川と林という二人の同期の幹部人事だった。当初、検察首脳が内閣人事局に提出したのは、稲田の後任の事務次官に刑事局長の林をあて、官房長の黒川を地方の高検検事長に異動させるという人事案だった。ところが、そこに官邸が待ったをかけたという。

「黒川官房長は、ぜひ法務省内にとどめておいてもらいたい」

それが官邸、とりわけ官房長官の菅義偉の意向だったとされる。他の省庁と同じように国会対応を担う官房長は、政権中枢に極めて近い。わけても菅は黒川の手腕を高く評価し、そばに置きたかったという。それが、永田町のもっぱらの見方である。自民党の代議士秘書もこう言った。

「七月の終わり頃、事務次官だった稲田さんが、官邸に人事原案の了承を求めるため、菅さんと会ったようです。ところが菅さんは、その場で黒川さんの人事を差し戻したといいます。で、法務省に残したい官邸の意向として、黒川さんの官房長から事務次官への昇進を求めてきたといいます」

これまで書いてきたように、建前上、検察人事は政治から独立していなければならない。が、実態としては法務省のトップ人事をいじることにより、検察首脳人事まで操れるわけだ。

黒川と林という二人の検事総長レースにおけるデッドヒートは、〇五年に黒川が刑事局総務課長に就いた段階で、林を一歩リードしたとされる。だが、一六年九月の人事で、林が事務次官に昇進し、逆転するものと見られた。実際、人事原案にあるとおり、それが法務・検察首脳の願いでもあったようだ。

ところが、そこに待ったをかけた。それが菅をはじめとした政権中枢なのだという。官房長として政権とのパイプ役を果たしてきた黒川の事務次官昇進は、内閣人事局、つまり官邸の意向による人事だと伝えられる。おかげで黒川は、この段階で検事総長レースでライバルの林に一馬身ほど水をあけたことになる。

繰り返すまでもなく黒川は、官房長官の菅義偉をはじめ与党の実力政治家たちの受けがすこぶるいい。半面、赤レンガ派の法務省キャリア検事たちは政治との関係性を気遣うため、現場捜査検事との溝が生じる事態を招くことも少なくない。

「林君が法務省と現場の検察庁勤務の割合が六対四だとすると、黒川君は八対二くらいで、法務省勤務ではないかな。官房秘書課長や審議官を務めていて、政治とは密接にかかわっています。黒川君が地方の検察庁で指揮を執ったのは松山地検検事正時代くらいでしょう」

ある検察ＯＢの黒川評はこうだ。

「松山地検のとき、大阪の特捜部であの証拠改ざん事件が起きた。それでわずか二か月で法務省に呼び戻されて永田町対応をしてきました。黒川君はすごく社交性があるので、たしかに政治家にも食い込んでいます。法案の作成から国会対応までそつなくこなす。政治との折衝には抜群の能力を発揮する。過去、三度も廃案になった共謀罪を安倍政権で成立させることができたのも彼の功績で、官邸はあからさまに黒川君に感謝しています。ただし法務省の要職を重ねてきた結果、政治に近すぎると現場の検事から疎まれて可愛そうなところもあります」

政治と検察との距離感が、検察内部で問題視される場面は多々ある。だからこそ国会議員の汚職を手掛ける特捜事件では、表向き東京地検、東京高検、最高検の検察ラインで協議され、事務次官や官房長といった法務省の事務方ラインとは一線を画すことになっている。特捜部では法務大臣に対しても、捜査着手の一時間前に報告するのが慣例になってきた。

もっとも実のところ、政治色の濃い案件については、法務省の事務方と合議の上で捜査に着手する。わけても国会議員の逮捕許諾請求や法務大臣の指揮権発動などが絡みそうな疑獄事件は、法務省が承知の上で捜査を進める。たいてい東京地検次席検事が法務省刑事局の課長や参事官に事件の報告をあげ、そこから刑事局長、官房長、事務次官が知るところとなる。

法務・検察組織において黒川と林の二人は司法修習三五期の同期で、早くから検事総長候補と呼び声の高いライバルでもある。二人とも法務省キャリアには違いない。半面、色合いとしては、赤レンガ派の代表が黒川で、林は現場の捜査検事からの信頼が篤いとされてきた。林は法務省の刑事局経験が長く、仙台地検検事正などを務めて現場捜査にも通じている。法務省の刑事局は現場捜査とのつながりもあり、そこでキャリアを積んだ林に対する現場捜査検事からの総長待望論が少なからずあった。

そんな同期二人の検事総長候補のうち、黒川は一六年から事務次官を務めてきた。一方の林はまだだ。そのため法務・検察としては、一八年一月の人事で林を事務次官に就任させるものと見られてきた。そうすれば、検事総長レースに乗れるからだ。

ところが、その人事構想が再び崩れた。それが一八年一月の首脳人事だ。これが、官邸による森友学園の検察対策ではないか、と囁かれたのは、前に書いたとおりである。一六年九月から一年半近く、法務省の事務方トップにいた黒川は、このときどこかの高検検事長になるものと思われていたが、留任する結果となり、林が刑事局長から名古屋高検検事長に異動した。天皇の認証官である高検検事長は決して悪いポストではないが、検事総長を目指す林本人はもとより、林を推してきた検察幹部たちもショックだったに違いない。

検察ナンバーツーの東京高検検事長は別格として、残る大阪、名古屋、広島、福岡、仙台、札幌、高松と全国に配置されている高検のうち、林の就いた名古屋高検検事長は、特捜部長や地方の検事正を歴任して落ち着くポストだ。普通はそのあと、もう一つ高検検事長を経て退官する。つまり、東京以外の他の高検検事長は、上がりポストとされてきたのである。慣例からすると、林は名古屋高検検事長のあと、たとえば大阪高検検事長を経て検察を離れることもありえた。

三つの高検検事長を歴任した先の吉永のようなケースは異例中の異例であり、林が名古屋のあと大阪の高検検事長などになれば、検事総長の目がなくなる。当の林にとっては、一年四か月前の一六年九月から二度目の事務次官就任の見送りだ。だからこそ、一八年一月の人事が検察内部を大きく揺らしたのである。

「これこそ政治介入、官邸人事ではないか」

そう取り沙汰された。だが、やがてそんな声もかき消されていく。黒川は一九年一月、東京高検検事長に就任した。

総長レースの行方

先の吉永のケースに見るように、検察の首脳人事も他省庁の次官と同じく、定年と密接にかかわっている。検事総長の定年は六五歳で、検事長は六三歳だから、人事の慣習として、検事総長には二歳下の東京高検検事長が後釜に座る場合が多い。たとえば一八年七月の人事に向けた一九五四年二月二十日生まれの西川の次の検事総長が、五六年八月十四日生まれの稲田である。

ただし、黒川の年齢は稲田と半年しか離れていない。二人は同学年で、黒川は五七年二月八日が誕生日の早生まれだ。かたやライバルの林は、この年の七月三十日に生まれている。どちらも八一年三月に東大法学部を卒業し、司法修習三五期だが、学年でいえば林のほうが一つ下で、これも半年足らずの年齢の違いなのである。この三人の年齢差が、検事総長レースに微妙な影響をおよぼしている。

共謀罪の成立に貢献したおかげで、官邸サイドには「黒川検事総長待望論」が根強い。だが、ある検察ＯＢは黒川の検事総長就任について、否定的に見る。

「通常の任期どおりだとすれば、二〇一八年七月に総長に就任した稲田君が六五歳の総長定年を迎える日は、二〇二一年八月です。黒川君の誕生日は二月だから、このときすでに黒川君は検事長定年の六三歳を超えている。黒川君が稲田君の後釜に座るためには、稲田君が一年半以上も定年を前倒しし、二〇年二月までに辞めなければならない。だが、そうなると稲田君の総長任期は一年半くらいになる。そんな無理をするかどうか」

ＯＢが総長レースの行方をこう占った。

「しかし、稲田君にとっては次が林君となると、二〇年七月に辞めればいい。すると、稲田君の総長任期は、従来どおりのほぼ二年。こちらのほうがスムーズではないでしょうか」

もっとも林は、検事総長の登竜門である事務次官も東京高検検事長も経験していない。とりわけ東京高検検事長の経験はどうしても外せないのではないか。これからの人事で、そこがどうなるか。先の検察ＯＢはこうも言った。

「かなり窮屈ではありますが、林君が黒川君の定年する二〇年の二月に後釜として東京高検検事長に就き、五か月後に総長に就任するというパターンもある。実は、そのほうがよほどスムーズなのです。だから検察としては、林君を推している面もあります」

一方、黒川の検事総長就任のほうが無理を重ねる必要があるとも指摘した。

「仮に稲田君が定年まで総長を務め、黒川君にバトンタッチしようとすれば、定年で一度検事を退任した人間を再びその職に就けることになる。あるいは稲田君に因果を含めて一年半の任期を残して退官させるか。今の安倍一強政権が続けば、それもあり得ない話ではないでしょう。しかし、そこまですれば、それこそ政権が非難を浴びるでしょう。だから難しいのでは……」

もっとも、いまや安倍政権は世の風当たりなどまったく気にしない。

第七章　霞が関を蹂躙する「内閣人事局」

安倍一強の象徴

人間に関する事柄。人間社会に現れる事件——。

広辞苑で「人事」を引くと、第一項にそう記されている。自然界に起きる現象に対し、人間が何らかの意図をもっておこなう出来事すべてを指しているのだろう。大辞林には、人としてなしうる事柄、ともある。

その根源的な意味から転じ、会社や団体の組織において、個人の地位や身分を決める。概して人事をその意で使うことのほうが多い。人は誰しも、組織の中で人事に関心や不安を抱き、ときに自らの人生を左右する人事権者に媚びへつらう。安倍一強の政府で起きている現象が、まさにそれだと感じるのは、私だけではないだろう。

安倍一強の力の源といわれるのが、霞が関の官僚人事を一手に握る内閣人事局である。

第一次安倍政権の崩壊から五年後の二〇一二年十二月、政権にカムバックした安倍晋三がそこからさらに一年五か月、一四年五月に満を持して局の看板を掲げた。内閣人事局の発足間もない七月、前章で書いた法務省人事では、初の女性局長が誕生する。エリートの最高検検事として期待された岡村和美が、人権擁護局長に決定した。これもまた、官房長官の菅の意向だとされたが、それより従来、内閣法制次長から昇進してきた内閣法制局長官に、外務省・フランス大使の小松一郎を抜擢し、話題を呼んだ。首相の安倍が悲願としてきた集団的自衛権の憲法解釈変更が、これまでの法制局の見解では難しい。そのために外務省から小松を選んだといわれる。

内閣人事局は霞が関の官僚六八〇人の人事を一元管理する部署として、内閣官房に設置された。霞が関の官僚に限らず、世にさまざまに存在する団体や市井の民間企業の勤め人にとって、出世レースは最大の関心事である。ことに序列の明確な官僚たちは、人事に神経を尖らせてきた。法務省なら検事総長、たいていの省庁なら事務次官を頂点とするピラミッド組織に身を置く。表向き所管の担当大臣が幹部の任命権者となっているが、実のところ中央官庁それぞれの幹部が独自に人事を決めてきた。各省庁に代わり、官邸が人事権限を一手に握り、官僚をコントロールする内閣人事局は、だからこそ官邸一強の象徴とされる。この組織が官僚にもたらしてきた変化は計り知れない。

霞が関の官僚たちはあたかも内閣人事局の前にひざまずき、財務省は背任の嫌疑がかけられることも厭わず、公文書の改ざんに走った。首相官邸の力の源になっているといわれて久しい内閣人事局は、その実、どのようにしてできたのか、そこすらあまり伝えられていない。

アイデアは二〇年前

「安倍政権の源流は橋本龍太郎内閣時代の行革」と指摘したのは、旧民主党代議士の福島伸享だったが、内閣人事局のアイデアもその頃からあった。一九九七年、旧通産省大臣官房に「政策実施体制審議室」という名の橋本行革チームが設置された。まさに官邸主導の体制づくりを進めていくそのなかで、内閣人事局構想が練られていったという。

第一章で述べたとおり、旧通産省の官僚たちが寄り集まり、政策実施体制審議室を構成していた。チームのリーダーが現岡山県美作市長の萩原誠司。当時、通産官僚だった福島もそこに加わっていたわけだが、福島によれば、次のような旗印を掲げて行革チームが組織された。

「将来、省を背負って立つ企画官や課長補佐クラスが集まるその部屋で濃密な時間を過ごしました。省益優先の縦割り行政打破というスローガンの下、役所の仕事をやるのは省務官僚、国の仕事をするのが国務官僚だと呼んで、一元化して人事を決めていく仕組みを練っていきました」

ちなみに企画官とは課長と課長補佐のあいだの室長級で、最も忙しく業務をこなすポジションだ。政務秘書官の今井尚哉だけでなく、加計学園とのかかわりでときの人となった柳瀬唯夫たちにとって、この政策実施体制審議室時代が、「官邸官僚」としての原点といえる。昨今、霞が関の官僚を震えあがらせていると評判の「内閣人事局」の構想も、もとはといえば、ここで考案されたものだという。当の内閣人事局の企画官を務める辻恭介に聞くと、こう振り返った。

「たしかに内閣人事局の発想は古く、橋本行革時代に閣議人事検討会議ができてからのものです。縦割り行政の弊害を排除し、広く人事の一元化を図る目的から計画されました。その頃から、総理、官房長官、官房副長官というメンバーで官庁の幹部人事を決めよう、と検討が始まりました。現在の内閣人事局は、総務省のなかにあった人事行政部門の人事局と組織管理部門の行政管理局が内閣官房に移管されてできており、私は当時の総務省人事局にいたので、この間の流れがよくわかります」

こうも言った。

「ただ橋本内閣当時は、局長クラス以上と大使などが人事の対象でした。が、局長以上だけだと次に局長になる候補者を（内閣が）見ていないことになる。それで、現在の内閣人事局では、対象の範囲をもう少し広げよう、と以前の計画にプラスアルファし、部長級とその候補以上を一元管理の対象にしたのです」

つまり橋本行革で発想した官邸主導の官僚人事の枠組みをバージョンアップしたのが、安倍政権の内閣人事局なのだという。まだ内閣人事局という名称こそなかったが、実際、九七年十二月三日に発表された橋本政権当時の「行政改革会議」最終報告のなかの「V公務員制度の改革」の「2主要な改革の視点と方向」にも、計画が書かれている。

〈⑵新たな人材の一括管理システムの導入

省庁再編の機会をとらえ、基本的には人材の一括管理の方向に向けて踏み出すこととすべきである。
① 事務系、技術系を問わず、課長など一定の職以上の職員について、政府全体として一括管理を行うべきである。
② 一括管理の在り方については、当面、公務員制度調査会の意見（平成9年11月11日）に従い、大括り省庁内における人材管理の一括化、人材情報の総合的管理、幹部職員昇任等に関する政府における総合調整、幹部職員等の計画的育成、省庁間移籍制度の新設、人事交流の一層の推進、退職後の人材活用システムの検討等を具体的に進めるべきである〉
続いて以下のような記述もある。
〈(3)内閣官房、内閣府の人材確保システムの確立
内閣官房等政府全体の立場から企画立案、総合調整を行う機関の職員については、人物本位で優秀な人材を登用するルールを確立することが必要である。
① 内閣官房は、内閣総理大臣により直接選ばれた（政治的任用）スタッフによって基本的に運営されるべきものである。その際、行政の内外から優れた人材を登用し、処遇するための人事ルールを確立するとともに、各省庁からの派遣・出向についても、派遣・出向元の固定化や各省の定例的人事への依存を排除する必要がある〉
人事で霞が関の官僚たちの生殺与奪の権を握り、思い通りに動かす。平たくいえば、いわばときの権力者にとって、内閣人事局のような官邸機能の強化は悲願である。

第二次安倍政権の内閣人事局は、首相や官房長官が独自に編み出した発想ではない。二〇年前の橋本政権時代からあった設計図を持ち出し、焼き直した組織である。橋本政権では野党やマスコミをはじめ、外野の監視が厳しくて実現しなかった。第二次安倍政権でそれが組織化できたのは、民主党の失墜とともに、当時の主要メンバーである今井や柳瀬が出世し再び政権中枢に舞い戻ったからかもしれない。

橋本政権以来、いわば自民党にとって念願であった人事の一元管理にことのほか熱を入れたのが、二〇〇六年九月に発足した第一次安倍内閣だ。第一次安倍政権で行政改革担当大臣に就任した渡辺喜美が「内閣人事庁構想」をぶち上げた。渡辺は規制緩和や行革に詳しい官房長官、塩崎恭久とともに霞が関支配に血道をあげ、翌〇七年七月、首相の諮問機関として「公務員制度の総合的な改革に関する懇談会」も設置された。が、肝心の首相が病に倒れ、第一次安倍政権の内閣人事庁構想そのものが日の目を見なかった。

その安倍の構想を引き継ぐ格好で、〇八年二月、福田康夫内閣の下に置かれた懇談会が、内閣人事庁の創設を提言。さらに福田から麻生太郎内閣が引き続き検討を重ねた。麻生内閣で行革担当大臣に就任した甘利明は、国家公務員法等改正案（通称・甘利法案）の提出にまでこぎつけたものの、結局、自民党が下野する事態になる。

民主党政権時には法案そのものが廃案になり、内閣人事局構想は実現しなかった。コロコロと政権が移り、民主党政権時代を経て一五年以上も構想は動かなかったといえる。

いまさら念を押すまでもなく、内閣人事局構想が実現に向けて進みはじめたのは、二〇一二年十二月、安倍晋三が政権にカムバックしてからである。
しかしそこには、やはり過去指摘されてきた弊害が積み残されているというほかない。

六八〇人の一元管理

第二次安倍政権で内閣人事局構想の実現に向け、最初に大役を任されたのが稲田朋美である。「日本の女性総理第一号候補」と手放しで褒め、首相の安倍が重用する彼女は、ほどなく行革担当大臣に就任し、年度初めの一三年四月、唐突に内閣人事局構想を発表する。稲田は首相の期待に応え、素早い動きを見せた。彼女にもまた、「総理の意向」という官邸官僚たちが使う切り札があった。

首相の安倍は一四年五月三十日、「国家公務員制度担当相」という新たな国務大臣を置き、その初代大臣として行革担当大臣の稲田に兼務させる。その名称どおり、内閣人事局構想を後押しするための新設ポストであり、稲田はそこから念願の内閣人事局をスタートさせる。先の内閣人事局企画官の辻が、組織構造についてこう説明してくれた。

「もとをただせば、総務庁のなかに人事局という部署があり、省庁の再編で総務省になってからは、そこに恩給部門が加わり、人事・恩給局という部署になりました。その人事局を取り出し、加えて行政管理局という組織管理部門を内閣官房に移管したのが、内閣人事局です。中央省庁の部長級以上とその候補者六八〇人が内閣人事局の人事対象になっています。およそ一七〇人でその仕事をしています」

内閣人事局では、新聞報道にある部長級以上の六〇〇人だけではなく、部長になる候補者も対象とするため、六八〇人を一元管理するのだという。自治省と合併し、旧総務庁から格上げされた総務省では、人事・恩給局と行政管理局で中央官庁の人事を管理してきた。人事・恩給局は各省庁の決定した人事に対し、公務員の人数調整などを含めたデータ管理のような機能をもってきたが、役職の決定や選抜に口を差し挟むわけではない。また行政管理局の組織管理部門とは、そうした公務員の全体管理のなかで、無駄な部局をなくしたり、新たな部局をつくったりする器づくりを担う部署である。内閣人事局の辻が丁寧に説明してくれた。

「たとえば政府の部局は、法令でその数が定められているので、新しい局をつくれば、その分、減らす局が必要になります。それを検討するのが組織管理部門です。これまで新しくつくる局長の任命は各省の大臣が担ってきたので、総務省ではいっさい人選にタッチしませんでした。そこには一種のファイアーウォール（組織同士が介入できないようにする防火壁）が存在したのですが、それをなくし、内閣人事局でどちらも主導することにしたわけです」

つまり、もとから総務省にあった二つの人事管理部門をいっしょにし、人員を内閣官房に移管して組織したのが、内閣人事局である。ただしその機能と目的は、従来のそれとはまったく別ものとなった。

内閣人事局では、内閣の重要政策に対応するため、「適材」と「適所」を一元化して決める、と謳う。これまではその「適任者」選びを各省庁に任せ、総務省はそこに入る人数などを確認、管理するだけだった。あるいは必要に応じて新設する「適所の器」づくりを担ってきた。いわば人選と部署づくりの役割分担により、恣意的な人事を避けてきたといえる。

しかし、内閣人事局では、そのファイアーウォールを取っ払った。換言すれば、それが一元管理という意味の一端でもある。

たとえば事実上、首相や官房長官にとって、どんな無理難題の指示や要望でも受け入れ、忠誠を示してきた省庁の幹部がいるとする。とうぜんそんな幹部は首相の覚えがめでたい。首相はお気に入りの幹部が自由に動けるよう、希望を叶えるため、新たな部局をつくり、新設部局の局長にその幹部を抜擢することもできる。それが内閣人事局制度なのではないか——。そう内閣人事局の辻に尋ねてみたところ、さすがにこう反論する。

「(内閣人事局の設置に)総務省内で反対意見があったのはたしかです。ただ、民間の会社だと、能力のある人のために部局をつくることは日常的におこなわれています。その意味からも、問題ないとされています」

政治的ブラックボックス

内閣人事局は、内閣法二一条一項に基づいて内閣官房に置かれた内部部局である。新しい部局であり、初代の局長には官房副長官だった加藤勝信が就いた。稲田朋美のつくった器のトップとしておさまったとでもいえばいいだろうか。財務官僚あがりの加藤は役人時代にはさほど目立たなかったが、加藤六《む》月《つき》の娘と結婚し、政界に転身して以降、徐々に頭角を現してきた。ことに加藤を引き立てたのが、ほかならない安倍である。

安倍晋三は自民党総裁特別補佐だった加藤を官房副長官に抜擢し、内閣人事局の新設と同時に局長に据えた。その後、加藤は一億総活躍担当相や拉致問題担当相、と安倍内閣の重要政策を担う国務大臣を歴任してきた。ちなみに加藤六月の長女で、嫌韓、嫌中の保守論客として知られる加藤康子は義姉にあたる。康子は内閣官房参与も務めてきた。

〈内閣人事局長は、内閣官房長官を助け、命を受けて局務を掌理するものとし、内閣総理大臣が内閣官房副長官の中から指名する者をもつて充てる〉

内閣法二一条はそう規定している。内閣人事局においては局長の加藤の上役が、官房長官の菅にあたり、さらに総理大臣の安倍の意思に沿って動く。中央省庁の幹部ならびに幹部候補の六八〇人について人事配置を決めるプロセスは、どうなっているのか。

内閣人事局の仕事は、まず各省庁に人事原案を提出させるところから始まる。人事原案は、各省庁の幹部が作成したものを所管大臣が承認して提出される。そこで首相や官房長官が知ることになるのは、歴代の内閣のシステムと変わらない。違うのはそのあとだ。中央省庁の局数は法で定められているため、さすがの安倍内閣でも前述したような露骨な局づくりなどそうはできないという。むしろ問題は人事原案の差し戻しである。

たとえば第四章で取りあげた財務省人事では、主計局長の岡本薫明の次官昇進原案が提出されていた。そこへ事務次官によるセクハラ事件が起き、官邸はいったんその人事に待ったをかけた。そこから財務省の幹部人事が迷走を極めたのは、書いてきたとおりだ。また、国有地払い下げをめぐる大阪地検の捜査でも、法務省人事における官邸の影が囁かれてきた。

これまでの内閣では、省庁のなかで揉んできた人事案に対し、大臣が承認しているのだから、それをひっくり返すことはなかった。だが、安倍内閣では、その差し戻しが頻繁に起きている。実際、こうした省庁の幹部人事は官邸による差し戻しという事態により、混乱してきた。流行語にもなった「忖度」の意味するところは、各省庁の幹部たちが官邸による恣意的な人事を恐れてきたからにほかならない。具体的に内閣人事局では、何が起きているのか。

内閣人事局のおこなう官僚の任用プロセスでは、初めに官房長官が各省庁から提出された人事原案に対し、「適格性審査」と「幹部候補者名簿の作成」をおこなう手順になっている。霞が関の中央官庁に限らず、組織はトップから決められるため、毎年の人事原案では事務次官の選抜あるいは留任で始まり、そこから審議官や局長、部長という具合に順に人事案が作成される。

「幹部候補者名簿の実際は六八〇人よりもう少し多い人数になりますが、それをまず各省が作って出してきます。あくまで人事原案を出すのは各省の大臣ですが、そこには過去三年間何をしてきたとか、そんな人事評価が記されています。さすがに次官クラスの人で適格性審査に通らない人はいません。したがって適格性審査や幹部候補者名簿の作成の段階で差し戻されることはありません。幹部候補者名簿は極めて事務的に処理されます」

そこから「任用候補者の選抜」、さらに「任免協議」という段階に移る。問題はこの段階なのである。

内閣人事局制度の下で官邸による影響力を行使できるのが、この「任用候補者の選抜」や「任免協議」だ。とくに「任免協議」に参加を許されるのは、首相と官房長官、それに各省庁の大臣とされている。任免協議では、内閣官房の職員はおろか、官房副長官が務める内閣人事局長でさえ排除される。結果、首相の安倍はもとより、官房長官の菅義偉による霞が関の人事としてしばしば取り沙汰される。官邸人事と呼ばれる所以だ。ある内閣官房の関係者が打ち明けてくれた。

「官房副長官は長官の部下という位置づけですから、任免協議に参加できません。別の枠組みとして『閣議人事検討会議』があり、官房副長官がそこで口を出す機会はありますが、基本的には『任免協議』における決定権が総理と官房長官に集中することになります。おまけに、その『任免協議』と『任用候補者の選抜』については、どちらが先におこなわれているのか、すらわかりません。『任免協議』が、いつどのようにおこなわれているのか、何が話し合われているのか、については、事務方（官僚）の知る由がありません。協議のあと人事検討会議が同じ日に開かれ、それから閣議となる。あとは閣議を経て人事が発表されるだけなので……」

基本的に中央省庁の人事原案は、任命権者である各大臣が了承している。その原案が拒否されたり、差し戻されたりする場が、「任免協議」だ。ここが完全な政治的ブラックボックスになっているのである。

「内閣人事局の役割はいろいろいわれていますが、事務方の作業は組織として必要な人事評価などの検討材料を整えるだけ。そこまでが内閣人事局の仕事で、あとはタッチしない。任免協議やそのあとの人事検討会議などはいわば事務局の関知しない別枠なのです。局長である官房副長官でさえ、実態として決定権がないことになります」

大臣の権限についても、任免協議に参加しているのだから、理屈の上でいえば、そこで反対して差し戻すこともできる。ただし、そうなると首相から大臣を罷免される危険性もあるので、なかなか異を差し挟みにくい。とどのつまり、首相と官房長官がすべてを握っているという以外にないのである。

「官邸の守護神」の留任

内閣人事局のブラックボックスといえば、前述した法務省人事の閣議決定などは、その象徴的なケースではないだろうか。閣議で唐突に事務次官候補とされていた刑事局長の林眞琴の名古屋高検検事長への異動と、事務次官の黒川弘務の留任が決まった。だが、そこにいたるまでに何が起きたのか、いまだ藪のなかだ。

奇しくもこの法務省人事は、政権に近いスパコン業者の助成金詐欺やリニア新幹線の談合に続き、森友学園への国有地売却を巡る財務省の背任捜査のさなかのこと。永田町では、「官邸の守護神」と呼ばれる黒川の事務次官留任を官邸が要望していたとされる半面、その人事を押し通したのはなぜか法務大臣の上川陽子だったといわれた。

当初、黒川の地方の検事長就任を予定した法務・検察の人事原案は、内閣人事局に提出され、「適格性審査」と「幹部候補者名簿の作成」を経ている。そこでは大臣の上川も了解していたはずである。黒川の留任がなければ、官邸の守護神が中央官庁を去ることになる。その間、閣議決定を前に、水面下で上川大臣を交え、安倍首相や菅官房長官が話し合っている。それが内閣人事局の「任免協議」にほかならない。

仮に上川が法務大臣として黒川の地方異動をひっくり返したとなると、それは官邸からの指示があったからか、あるいは官邸に忖度したからではないか。そう受け止めるのが自然ではないだろうか。

結果、くだんの人事については、法務・検察関係者のなかでも、とりわけ現場捜査検事から不信の目が注がれることになった。おかげで人事が狂い捜査がやりづらいというぼやきも聞こえてきた。

前述したように、霞が関の官僚たちの生殺与奪の権を握る内閣人事局では、首相と官房長官に次ぐ局長ポストを官房副長官が兼務する。幹部人事の決定権はないとも指摘されるが、その一方で、首相と一体となってきた。その官房副長官には国会議員が就く政務二人と官僚OBの最終ポストである事務一人の三人がいて、初代内閣人事局長の加藤勝信の後釜に座ったのが、萩生田光一である。

安倍の忠臣として聞こえる萩生田は、衆院選に落選した苦しい時代に加計学園の客員教授に就任し、報酬を得ていたことでも評判になった。首相の腹心の友である加計とは、首相秘書官だった柳瀬たちとともに、河口湖の別荘でバーベキューパーティに参加した間柄でもある。

内閣人事局長には、そんな首相の側近代議士に続き、一七年八月からは警察庁出身の杉田和博がその任を託されている。杉田は第三章で紹介した官邸官僚の一人でもある。

政治主導を標榜している首相が、官僚をグリップする内閣人事局長に二代続けて側近代議士を就けたのは、それなりの理屈が通っている。この期におよんでの官僚OBからの抜擢は、霞が関から沸き起こる不評を気にしたせいだろうか。

もともと事務の官房副長官は、官僚の最終ポストと呼ばれる。事務次官より上位に格付けされ、中央省庁を横断的につなぐ調整役を担う。したがって各省の幹部人事にも詳しい杉田は適任とされてきた。一九八七年発足の竹下登内閣から九五年の村山富市内閣まで、実に八年にわたり官房副長官を務めてきた石原信雄に、内閣人事局について意見を尋ねたことがある。

「私は現政権のことを存じ上げないので論評する立場にはありません」

そう謙遜しながらも次のように指摘してくれた。

「杉田さんが官房副長官になられるときにお会いし、少し話をしました。基本的に人事は各省が責任を持ち、よく人を見ているわけですから、各省の意見を尊重するのがいいんじゃないかと、私自身そうしてきたものですから、そう申し上げました。二〇一四年の人事局設置以降、基本的に幹部人事は官邸が権限を持ち、その権限は政策遂行上、非常に有効なんですが、あまり使いすぎると各省が萎縮してしまう。各省の諸君が所管行政について十分意見を言えるような環境は残してもらいたい。萎縮してしまうと行政全体が沈滞しますから、そこはいちばん政権に配慮してほしい点です」

縦割り行政の弊害を打破し、霞が関の優れた人材に活躍の場を与える。もとより、内閣人事局という組織の器そのものの発想がおかしいわけではない。しかし、その新たな器を使う側に思料が足りなければ、官僚組織の底が抜け、行政を明後日の方向に導く結果を招く。いま一度、忖度という妙な言葉が生まれた背景を顧みる必要があるのではないか。

安倍一強政治の下、国益を背負い外交ノウハウを蓄積してきた外務省までもが、混乱の波に呑まれている。米朝の急接近によって対北朝鮮外交が岐路を迎えている重大局面にあって、外務省の動きがほとんど見えてこない。この間、対北外交をめぐり、さまざまな思惑が入り組んだ官邸と外務省の〝刺し合い〟が起きていた。

第八章　官邸外交で蚊帳の外の「外務省」

河野太郎の怒声

外務大臣になる少し前、二〇一七年春先の出来事である。

「あんた方はやる気がないのか、馬鹿なのか、それともわざと嘘をついたのか、その三つのうちのどれなんだっ」

自民党の政務調査会に怒声が鳴り響いた。珍しく怒りをぶちまけたのが、河野太郎である。折しも、通常国会は森友学園に加え、加計学園の獣医学部問題に火がつきはじめた頃だ。紛糾する国会を尻目に、自民党は六月十八日の会期末までに共謀罪法案の成立を目指していた。当時の河野は閣外にいた。

すでに外務大臣ポストを見すえていたのかもしれない。党政調の法務部会に法務省と外務省の担当部局を呼びつけ、外務省の幹部たちを激しく叱責した。

共謀罪法の成立は、安倍政権をはじめとした自民党保守タカ派の悲願である。父親の河野洋平にハト派のイメージがあるので意外かもしれないが、その法案を進めようとしてきた党内きっての強硬派であり、急先鋒が河野太郎だった。戦中の治安維持法の暗い影が付きまとう共謀罪法案には、国民のアレルギーがある。第二次安倍政権でそんな法の成立にこぎ着けた。河野は大きな立役者の一人だ。

自民党は共謀罪の必要性について、常々、国際組織犯罪防止に関する国際連合条約（通称パレルモ条約）締結のためだと主張してきた。条約締結の前提条件として、まず国内における共謀罪法の成立が不可欠だという言い分である。

奇しくも河野は、〇五年十一月から翌〇六年九月までの第三次小泉純一郎改造内閣で法務副大臣を務め、パレルモ条約締結と共謀罪法の成立のために外務省と折衝を重ねてきた。外務省はその条約締結の条件として、四年以上の懲役刑を定めている六七六罪すべてを処罰対象にする共謀罪の整備という高いハードルを持ち出した。

真意は測りかねるが、外務省としては、問題の多い共謀罪の成立を阻む意図があったのかもしれない。だが、実際には、パレルモ条約にそこまで幅広い処罰対象の基準は存在しない。そこに気付いたのが、ほかならない河野太郎だった。第二次安倍政権で成立を目指したこのとき、それを知った河野の怒りはすさまじかったという。法務部会で現場を目撃したある自民党関係者が打ち明けた。

「あとで本人が書き留めたブログ（17年3月4日付『ごまめの歯ぎしり』）にも、あのときの様子が残されていました。『（外務省相手に）676個はいくらなんでも多すぎないか、もっと対象となる罪を減らすべきではないかという議論をしました。しかし、外務省からの回答は、条約に入るためには、一つたりとも減らすことはできないでした。（中略）外務省も嘘をついていたわけではなく……』と柔らかく書いていました。しかし、嘘をつかれたと思った河野さんの恨みは、ブログにあるようなもんじゃありませんでした。そうして法務部会で、頭から役人を怒鳴りつけた。あれ以来、河野さんの外務官僚たちに対する不信は、相当なものです」

結果として政府の提出した共謀罪法案は、処罰対象を六七六から二七七の罪に大幅に減らした上、テロ等準備罪を創設する組織的犯罪処罰法改正案（テロ等準備罪法）と国民の受け入れやすい名称に改められて国会に提出された。会期末ギリギリの一七年六月十五日の参院本会議で成立させ、ひと月後の七月十一日にパレルモ条約を締結する運びとなったのである。

官邸の出先機関

首相官邸がこうした与党内における河野の取り組みを高く評価したのは言うまでもない。わけても、早くから河野を買ってきた官房長官、菅義偉の信頼は絶大だ。

共謀罪成立の論功行賞なのだろう。森友・加計学園問題の追及を避けるかのように慌てて通常国会が閉じられた直後の一七年八月三日、河野は第三次安倍改造内閣の組閣で外務大臣を射止めた。当人は麻生派のホープとして将来を嘱望されてきたものの、脱原発を掲げるなど自民党の方針に逆らい、主流派から外れてきた感があった。が、外相という重量閣僚に就任して以来、首相候補に急浮上した。

「河野太郎は後藤田正純ら若手を束ね、細田派から睨まれてきた感もありますが、実は存在感を増してきた。その後ろ盾が菅官房長官であり、麻生副総理でしょう」

ある古参の自民党代議士秘書が党における河野の立ち位置についてこう語った。

「麻生さんと菅さんが消費増税や財政再建などをめぐり日頃、対立してきたのはよく知られています。ただし、二人の河野太郎に対する期待度は一致しています。麻生派に属しながら、神奈川選出なので菅さんを頼りにしてきた面もある。菅さんは物おじせず、はっきりものを言う河野太郎に目をかけ、保守派の将来の総理・総裁として支えようとしていると思います」

菅らにとって、河野は安倍のあとを託す意中の首相候補として内閣に入ったといえる。

だがその一方、外務省にとって、河野は気を許せる大臣ではなかった。ことに共謀罪での因縁があり、官邸から送り込まれた新大臣に警戒感が強い。従来の外交政策が踏襲されるかどうか、そこも危惧した。

奇しくも共謀罪騒動から一年後の一八年四月、河野は唐突に「北東アジア第二課」の新設を打ち出した。北朝鮮専門部署の発足である。

従来、朝鮮半島全体については、「北東アジア課」が所管してきた。その課を七月一日付で、韓国担当の「一課」、北朝鮮の「二課」と分割した。組織上、局を新設するわけではなく、課長以下の人事配置なので内閣人事局の恣意的な思惑が働くわけではない。対北朝鮮政策の新たな組織をつくったのは、河野と事務次官の秋葉剛男《たけお》ではあるが、むろん官邸もそれを了解している。

「朝鮮半島関連の業務が急激に増大するなか、日韓の連携強化や北朝鮮の核・ミサイル・拉致問題といった諸課題に効果的に対応するためだ」

官房長官の菅もまた、そう新設部署の発足に伴い河野を後押しした。北朝鮮が米国に接近し、半島情勢が変化してきたことによる仕事量が増えたという側面はあるが、やはり外務省内には懸念も残る。先の代議士秘書が言った。

「北東アジア二課の新設が、官邸の意思なのは間違いないでしょう。外務省は国交のない北朝鮮の外交窓口をつくらされたことになります。韓国にとっても日本が勝手に北朝鮮の窓口を設けたことになる。韓国の窓口が一課で、北朝鮮が二課なので、かろうじて韓国側は納得していますが、逆に北にとっては韓国より下の扱いになっている。とるに足らないように見えて、外交は国と国との面子の問題が意外に大事なのです。外務省として、北に説明しにくいでしょう」

もっとも、外務省は北朝鮮外交の表舞台から外されている。

地球儀を俯瞰する外交を標榜してきた安倍晋三は、第二次政権の発足当初、外務省と手を取り合って外遊を重ねてきた。いわばその蜜月がすっかり様変わりしている。今では双方の間に大きな溝ができている。

拉致問題で背中を押した

元来、日本政府では外務省が対外交渉を担い、各国に置かれた大使館や領事館などの在外公館が窓口機能を果たしてきた。外務官僚が首相や外務大臣と相手国首脳との会談や折衝を段取り、事務方同士で具体的な実務を進めるパターンだ。

第二次安倍政権でも初めはそれを踏襲してきたといえる。谷内正太郎や河相周夫《かわいちかお》、齋木昭隆、杉山晋輔といった外務事務次官経験者が中心になって安倍外交を支えてきた。とりわけ谷内は、第一次安倍政権後の麻生太郎政権下で「自由と繁栄の弧」という中国包囲網政策を打ち出し、第二次政権の発足した後の一四年一月から現在にいたる五年あまり、新設された国家安全保障局長の任に就いてきた。

したがって谷内もまた官邸官僚の一人だといえる。安倍が谷内と近づく端緒が二〇〇二年、北朝鮮の日本人拉致被害者の一時帰国問題のときだ。同年九月、第一次小泉内閣で内閣官房副長官として小泉とともに訪朝した安倍は、対北朝鮮強硬派の政治家というイメージを国民に浸透させ、大きな名声を得た。

小泉内閣は翌十月、拉致被害者の一時帰国問題に直面し、議論が紛糾する。日本に戻ってきた拉致被害者たちに関し、かの国との約束どおりいったん北朝鮮に戻すべきか、そのまま日本に残すべきか。関係者の意見が真っ二つに割れたのである。

官房長官の福田康夫をはじめ、外務省アジア大洋州局長として日朝首脳会談を導いた田中均は、北朝鮮へ戻すべきだと主張した。一方で官房副長官だった安倍や内閣官房参与の中山恭子たちは、それに反対したと伝えられる。

もっとも実のところは強硬派と見られる安倍や中山も対応を決めかねていたという。このとき安倍や田中たちに混じり、拉致問題の対応について協議した一人が、内閣官房副長官補に就任したばかりの谷内正太郎だ。

「拉致事件とはいえ、外交上の合意事項なので、約束は守るべきだ」

そう言う田中に対し、谷内が反対意見の口火を切った。

「拉致という犯罪を繰り返してきた北朝鮮との約束なんか守る必要はない」

それでも安倍や中山は踏ん切りがつかない。そのとき中山の携帯電話が鳴った。

「蓮池薫です」

あまりにタイミングがよすぎる。だが、仕組んだわけではない。

「いま、ちょうどあなたたちの一時帰国と、この先のことについて議論しているのよ。どうかしら？　一度向こうに戻ったほうがいい？」

中山が電話相手の蓮池にそう尋ねた。集まったメンバーはその答えに聞き耳を立てた。

「僕はあの国に二度と帰りたくありません」

周囲に聞こえるほど大きな声が携帯電話から漏れ聞こえてきた。もはや議論の余地はない。北朝鮮との約束は見送られた。外務省関係者が明かす。

「最後まで北との約束にこだわっていた田中さんはのちに売国奴扱いされましたが、それは外交上仕方なかったのでしょう。その一方で、谷内さんは外務省の立場を離れ、内閣官房副長官補として反対したのだと思います。副長官だった安倍総理は真っ先に反対意見を言った谷内さんに背中を押された。おかげで男をあげたことになる。これ以来、総理は谷内さんを信頼するようになったのです」

谷内は小泉内閣後期の〇五年一月に事務次官に就任し、第一次安倍、福田と自民党政権の〇八年一月まで次官任期最長の三年を務めた。安倍が政権にカムバックしたのち、国家安全保障局の初代局長に起用されたのも、もとはといえば、北朝鮮拉致問題のときの縁があったからだという。今も谷内は全国紙に掲載される首相動静に毎日のように登場し、首相と面談している。

また、谷内を国家安全保障局の局長に推薦したのが、一三年六月に事務次官に就任した齋木昭隆である。一〇年に一人の大物外務事務次官といわれた齋木も、もともと安倍に近かった。先の外務省関係者が解説する。

「齋木さんは、安倍総理の財界応援団である『四季の会』を主宰するJR東海の葛西敬之名誉会長とも親しい官僚であり、北朝鮮の拉致問題でも外務省ではめずらしい強硬派でした。葛西さんはお眼鏡に適う官僚たちと定期的に食事をし、情報交換をしてきました。個別に懇談する場を設けていたが、なかでも齋木さんは品川の『うめもと』という割烹で食事をする間柄でもありました。『うめもと』はいわば隠れ家的な店で、とくに葛西さんが見込んだ人と会う場所でした。警察官僚の杉田（和博）さんも招かれていたはずです。それだけ大事にされていたということだと思います」

外務省にはロシアスクールやチャイナスクールといった親露、親中派の幹部官僚も存在するが、谷内や齋木たちは親米の主流派といえた。第二次政権発足からしばらく、安倍は外務省の彼らを頼り、外交を展開した。

だが、そうした良好な関係も少しずつ変化してきた。外務省の関係者が指摘する。

「安倍総理はある時期まで外交は齋木さんや谷内さん頼りだったのはたしかでしょう。ただ、齋木さんは安倍さんの北方領土をめぐる対露政策に異論を持っていた。おまけに安倍総理のイエスマンとして聞こえた杉山（晋輔）さんの事務次官就任をめぐり、総理と距離ができていった。安倍総理が自らの外遊に付き合ってきた杉山さんの早期次官就任を要望していたのに対し、齋木さんは一六年六月まで三年も粘った。そのあたりから確執が囁かれるようになりました」

外務省外し

一九七六年入省の齋木に対し、杉山は七七年入省と一年差で、年齢も一つしか違わない。二〇一三年に事務次官に就任した齋木は、谷内と同じく次官任期最長の三年務めた。一方、杉山はすでに外務省で事務次官の待機ポストである外務審議官だった。早大法学部時代に外交官試験に受かって入省し、初の私大出身者の次官候補と呼ばれた。

杉山は、第二次安倍内閣での伊勢志摩サミットやG7外相会合の政治・外交分野の事務責任者を務め、ケリー米国務長官の原爆慰霊碑献花やオバマ米大統領の広島訪問を導いた立役者とされる。

反面、外交機密費をめぐる接待スキャンダル疑惑も持ちあがり、なかなか齋木の後釜に座れなかった。一六年二月、ジュネーブで開かれた国連女子差別撤廃委員会において旧日本軍の従軍慰安婦問題が審査された際、安倍が杉山に対応を任せ、対日批判を切り抜けたとされる。そうして谷内や齋木に代わり、すっかり首相のお気に入りとなった杉山は、齋木の後任として一六年六月から一八年一月まで事務次官を務めた。

齋木が事務次官の椅子を譲らなかったせいで、杉山の任期は一年七か月と短命に終わる。が、そのあと河相、齋木という二人の先輩事務次官を飛び越え、駐米大使に抜擢された。退官したあとのポストも含め、外務省の組織としての頂点は事務次官ではなく駐米大使とされている。いきおい、杉山の駐米大使就任は異例の人事だと話題になった。

「河相さんも、齋木さんも、とうぜんそこを目指してきたはずですが、外されてしまった。一足飛びに杉山さんを駐米大使に抜擢したのは、まさに安倍総理だといわれます」

再び外務省の関係者がこう言葉を足した。

「おまけに安倍総理は、その杉山さんの後任次官として今の秋葉さんを抜擢した。秋葉さんは総理政務秘書官の今井（尚哉）さんと同期の一九八二年入省で、二人は非常に親しい。日米原子力協定などのエネルギー政策で意気投合してきた間柄です。このトップ人事は総理だけでなく、今井さんにとっても、願ったり叶ったりだったはずです」

こうした外務省の幹部人事に、内閣人事局の力がおよんでいるのは、改めて念を押すまでもない。本来、米国寄りの外交政策を旨とする外務省では、親米派の歴代次官の結束が固いとされてきた。が、第二次安倍政権の政治主導という旗印の下、権力構造が変わってきたといえる。外務省内でも次第に首相や官房長官に従い、一心に仕える「官邸官僚」たちが、外交面でも主導権を握っていった。

官邸官僚たちの動きは、首相官邸の機能強化の一環である半面、外交における外務省外しという役割を担っているように感じる。なかでも目立つ動きをするのが、首相の分身と呼ばれる政務秘書官の今井尚哉である。外務省ＯＢが言葉を選びながら語った。

「いまや外交の主役は外務省ではなく、官邸に移っています。官邸が外交の窓口になり、外務省はそのサポート役に回っています。それはそれでうまく機能すればいいのですが、やはり問題も少なくない。蓄積された外務省のノウハウが生かされず、外交のパイプがうまく機能していないケースも目立ちます」

先の本人インタビューでも認めていた二〇一六年の伊勢志摩サミットにおける「今井ペーパー

問題」などは、通常の外交ルートを無視した典型例かもしれない。今井はサミットに参加した首脳に対し、「世界経済の現状がリーマン・ショック前夜に似ている」と予定外の経済指標データを示した。が、その根拠が薄弱で物笑いのタネになってしまった。

また、自民党幹事長の二階俊博訪中では、首相が習近平に宛てた「親書」を外務省が用意し、それを今井が書き換えて騒動になる。経団連の意向を受けたいきなりの中国寄りの政策転換とされ、対中政策に慎重だった外務省の反発を食らった。とりわけ国家安全保障局長の谷内の怒りはおさまらず、局長の辞任まで匂わす騒動に発展した。

いまや官房長官の菅と並ぶ官邸の最高権力者と評され、すっかり豪腕秘書官の評価が定着した今井は、得意のエネルギー政策でも外交手腕を発揮してきた。トルコや英国への原発輸出などがそれだ。

経産省出身の今井は、原発をはじめとしたエネルギー政策にはめっぽう詳しい。だが、外交は本来門外漢である。結果、原発の輸出計画はどちらも難航を極め、暗礁に乗り上げた。これでは外務省から不平が漏れるのも、無理ないのである。

北との密会情報漏れ

しかし、それでも豪腕秘書官は意に介さない。そしてここへ来て、北朝鮮外交にも乗り出している。

今井が北朝鮮外交に熱を入れ始めたのは、内閣情報官の北村滋と内閣官房参与の飯島勲の影響が大きいとされる。警察庁出身の北村と今井はともに第一次安倍政権時代からの秘書官仲間であり、外事畑の長い北村は、北朝鮮問題のスペシャリストでもある。小泉訪朝時には外務省アジア大洋州局長だった田中均と決裂し、その後、独自の北朝鮮ルートを開拓してきたとされる。

「外務省と北朝鮮とのパイプとしては、田中均さんのカウンターパートだったミスターXが有名になりました。その後、いろいろ取り沙汰されたけど、Xは実在する北朝鮮の情報部門のキーマンであり、均さんが築いたXとの強い絆がなければ、拉致を認めるどころか、小泉訪朝すら実現できなかったでしょう。それは間違いない。Xはその後自殺して（注・銃殺説もある）しまうけど、そのあとのパイプも外務省は握ってきました。北村さんとはまったく異なるルートですが、かなり有効なパイプだと考えています」

そう外務省OBが打ち明けてくれた。一方、警察庁出身の北村の窓口もまた、先頃、発覚した。南北関係を担当する朝鮮労働党統一戦線部の金聖恵《キムソンヘ》統一戦線策略室長だ。一八年七月にベトナムでおこなった二人の密会が米有力紙のワシントンポストにすっぱ抜かれ、実名が判明したのである。この点について、ある官邸関係者はこう憤った。

「金とは極秘で会っていたはずなのに、なぜワシントンポストに漏れてしまったのか。北村さんは大統領補佐官のボルトンとも昵懇《じっこん》ですから、情報源を調べるのはさほど難しくなかったのかもしれません。北村さんは、ワシントンポストのネタ元が外務省から官邸に官房副長官補として派遣されている兼原（信克）さんだと目星をつけたようです」

官房副長官補はかつて谷内なども務めてきた要職である。もちろん兼原自身は、そのことを否定しているので、ことの真偽はさだかではない。が、問題は燻ってきた。官邸関係者がこう続ける。

「怒り心頭に発した北村さんは、官邸内で兼原さんの更迭を主張したようです。しかし、そうすると、官邸内の不協和音が表に吹き出してしまう。さすがにそれはまずい、と今井さんあたりが止めたのではないでしょうか。何ごともなかったかのようにやり過ごしました。が、やはりしこりは残っています」

一八年十月にも、北村がモンゴルで統一戦線部の幹部と密会していたことが報じられた。官邸内における主導権争いは、ますます激しくなっているようだ。先の外務省OBは、次のように辛辣に語った。

「こうした秘密裏に進める外交では、最悪なのが途中でばれてしまうこと。どこから漏れたか、そこはわかりませんが、北朝鮮側との密会が二度も漏れてしまっては、もはや何の意味もありません。北村さんもそこがわかっているから、激怒したのでしょう。しかし今井さんをはじめ他の官邸の人たちは、北朝鮮とのパイプがあることを世間にアピールできた、くらいにしか思っていないのではないか。そっちのほうがよほど問題です。まさに外交音痴という以外にありません」

むしろ北朝鮮とのルートを誇示することによって内閣支持率があがることを期待しているのではないか。そんな程度の低い話も伝わってくるのである。

また、北朝鮮問題では、内閣官房参与の飯島勲も首を突っ込んでいる。飯島は小泉首相の政務秘書官として二度訪朝し、北朝鮮通を自任してきた。ただしそこについても、外務省ＯＢは手厳しい。

「飯島さんは日本国内の在日朝鮮人団体である朝鮮総連にパイプがありますが、総連は経済活動が中心で北朝鮮本国の政治や外交にものをいえる立場ではないでしょう。今井さんはその飯島さんに北とのモンゴルルートを紹介され、向こうにも行ってその気になっているようです。飯島ルートを使い、モンゴルでの日朝首脳会談を視野に入れているのではないか、ともいわれていますが、実現は難しいでしょう」

それでも官邸官僚たちは、いっこうに意に介さない。

「外務省ルートは時代遅れ」

その今井は近頃、北朝鮮外交における持論を周囲に披露する機会がめっきり増えている。次のような塩梅で、親しい番記者相手に私見を説いているという。

「日本の独自制裁なんてほとんど意味はない。なにより金正恩が気がかりなのは、今の体制が脅かされることなんだから、交渉相手はアメリカのトランプでしょう」

北朝鮮問題でも、自信まんまんの様子だ。今井の描く朝鮮半島の非核化プロセスは、昨今、縮小が囁かれている在韓米軍の撤退ではなく、あくまで米軍の脅威をちらつかせながらの交渉だそうだ。そのなかで国際原子力機関（ＩＡＥＡ）の査察に踏み込み、査察費用を日本が持つという発想らしい。複数の官邸関係者に聞くと、今井は周囲の人間にこうぶち上げているという。

「日本だけが北朝鮮に最大限の圧力を掛け続けるといっても仕方ない。発想を変えなければ。拉致問題は日本にとって弱みのように見られるけど、強みでもある。北朝鮮は拉致解決をちらつかせて日本政府からカネを取ろうとしているだけだ。それなら、そこをうまく利用すればいいじゃないか」

もはや日本は北朝鮮の独裁者から相手にされず、米中韓で物事が進んでいる。日本政府はすっかり蚊帳の外に置かれているという酷評など、微塵も気にしていない。番記者たちを前にした今井の毒舌はこう続く。

「世界のリーダーから見れば、金正恩なんてそこいらの若造でしかないから、中国もソ連（ロシア）も軽く見ていると思うよ。で、その習近平やプーチンとパイプを持ち、トランプに対してドナルド、晋三と呼び合えるのは、安倍総理だけ。つまり、日米中ソのなかで日本の安倍総理が主役になれる。蚊帳の外なんかとんでもない。いまや先進国の外交はトップダウンで、外務省ルートのボトムアップ外交は時代遅れなんだよ」

返す刀で外務省批判も忘れない。

「谷内さんや秋葉さん、外務省の連中が安倍さんのところにやって来てプロっぽいことを言っている。けど官邸の考えとは、けっこうズレているんだな。米国にはクシュナーをはじめ、いろんなチャンネルがあるから、安倍さんのやってきたこれまでの水面下の話し合いは、ほぼパーフェクトじゃないかな。拉致のことは、外務省の連中より安倍さんのほうがよほど詳しいからな。だから、ぜんぶ自分（安倍自身）で考えて結論を出せるんだ」

だが、実態はそうではない。たとえばトランプの娘婿であるジャレッド・クシュナーとのパイプは、佐々江賢一郎が駐米大使として部下に命じて築いたものだ。

「外交そのものの窓口でいえば、欧米や中国が今井秘書官、東南アジアは和泉洋人首相補佐官が直接出向き、対応しているケースが目立ちます。そのやり方に限界が見えてきたのではないでしょうか」

近頃の状況を踏まえ、外務省ＯＢ（前出）はそう分析する。

「官邸サイドは、外務省がトランプ大統領の当選を予想できず、当選直後の二〇一六年十一月に次期大統領に会いに行こうとした総理をとめようとした、とまでいう。総理がすぐにトランプ大統領に会えたのは、経産省の出先機関であるＪＥＴＲＯの産業調査員ルートのおかげで、外務省はヒラリーに肩入れして何もできなかった、と吹聴していました。だが、事実はまったく逆です。経産省のＪＥＴＲＯルートは動いたかもしれないが、ぜんぜん機能していない」

官邸から流れる情報とは事実が異なるという。

「一方で、外務省では七月からトランプが予想以上に強いという感触をつかみ、パイプを探した。それが娘婿のクシュナーとのホットラインでした。佐々江駐米大使の指揮下、ワシントンにいる外交官がしっかりクシュナーに食い込み、当選したとき安倍総理がすぐに祝いの電話をかけられた。事実は首相の秘書官や補佐官が動いたわけではない。ただ外務省はあくまで黒子なので手柄を自慢しても仕方ないし、それでいいと考えています」

少なくとも官邸だけでパーフェクトに外交を進められるとはとても思えない。「外交の安倍」と華々しく打ちあげた花火は歓声があがる間もなく立ち消え、これといった成果もない。

手詰まりのロシア外交

「僕は自分自身が二つの矛盾した役割を担っていると考えています。一つは、政治家の横暴から役人を守ること、もう一つは役人の怠慢から政治家を守ること……」

インタビューの最後、今井尚哉は、そう締めくくった。ときに無理筋をごり押しする国会議員を諫《いさ》め、手抜きをしがちな官僚に目を光らせる。首相のそばで政策実現に邁進する秘書官の心構えとして、そうあるべきなのは異論のないところだろう。

だが、永田町や霞が関における現実の政治が、今井の理想通りになっているかといえば、そうではない。森友・加計問題に象徴されるような欺瞞や無理筋がまかりとおり、挙句には行政機関の体をなしていないようなお粗末な失態をさらしてきた。取材を通じて強く感じたのは、それらを生む土壌となってきた官邸と官僚機構のあいだの溝であり、軋轢である。その原因がまさに、首相の取り巻きの独善にあるように感じられてならない。なかでも「地球儀外交」を標榜する安倍政権の経済政策において、それが顕著に表れているのではないだろうか。

たとえば中国の習近平に気遣った一七年の首相親書の書き換えなどは、米国からすればいきなりの中国寄りの政策転換に見えたに違いない。しかも、その政策転換が秘書官の独断でおこなわれたとなれば、政府のガバナンスにも疑問符がつく。国家安全保障局長の辞任騒動にまで発展した谷内と今井の確執は、首相の統率力に対する懸念まで生む。

インタビューのなかで、今井は「外務省は北方領土問題を前に進めるアイデアを持っていません」とも批判していた。北方領土返還は首相にとって、外務大臣だった父、晋太郎から受け継いだ悲願でもある。安倍自身、父親の外務大臣秘書官として旧ソ連との折衝を目の当たりにしてきたという。

安倍がロシア外交に心を砕くのは、亡き父の遺志に従っているともいえる。そこでプーチンをウラジーミルと呼び、北方領土の旧島民の墓参や当地での共同経済活動を提案した。したがって首相の分身である今井が、ロシア外交に前のめりになるのも頷ける。

だが、ここでも外務省との〝冷戦〟が見え隠れする。外務省では小泉純一郎政権以降、ますます親米外交に傾き、省内のロシアスクールが鳴りを潜めていった。ロシア外交において独自に安倍政権が抜擢したのが、今の駐ロシア大使の上月豊久《こうづき》だ。別の外務省関係者が指摘した。

「第二次安倍政権の所信表明演説での地球儀を俯瞰する外交というキャッチフレーズのもと、外交で飛び回った総理の目に留まったのが、欧州局長の上月でした。ポルトガルへの総理初外遊を実現させ、ユーラシア大陸の西の果ての岬まで連れて行った。そこから見える景色が広々としていて、文字どおり地球儀を実感できると総理は上機嫌でした。そのあと上月は内閣人事局の判断で官房長、ロシア大使に抜擢されていったのです」

奇しくも安倍が上月を評価するきっかけになったのが、米国による対露経済制裁だった。それまで比較的穏やかだった米露の関係が、ロシアのクリミア半島併合によっていっぺんに悪化した。日本政府も米国に付き合わざるをえない。かといって、ロシアの大統領との個人的な関係を対露外交の切り札であるかのように標榜する日本の首相としては、プーチンを怒らせたくはない。

「総理、ここは真空斬りでいきましょう」

欧州局長だった上月が首相の安倍にそう提案した。安倍はこの「真空斬り」という表現にすっかり感心したようだ。外務省内では皮肉を込めてこう囁かれている。

「簡単にいえば、形の上では経済制裁のポーズをとっていながら、実際はロシアにダメージを与えないというやり方です。ロシア政府関係者への一時的なビザ発給停止にとどめ、プーチンの盟友である企業トップには活動を許した。経済制裁に同調しながら、実質的な効果のある制裁をしないので、上月は『真空斬り』と名付けたわけですが、それを総理はことのほか気に入ってね。以来、すっかり上月を頼りにするようになったのです」（同前・外務省関係者）

上滑りな表現にすぎないような気もするが、安倍首相はこうした軽い調子の言葉を好む傾向がある。平たくいえば、波長が合うのだろう。

上月の外務省における経歴をざっと振り返ると、第二次安倍政権の発足三か月前にあたる二〇一二年九月に欧州局長に就任。二年足らずのちの一四年七月、官房長として国会対応をし、明くる一五年十一月には、ロシア連邦の特命全権大使に任命される。いうまでもなく特命全権大使は、日本の外交交渉を担う外交使節団のトップである。この異例人事も例によって内閣人事局が断行した。先の外務省関係者が上月のロシア大使就任について説明を加えた。

「通常、ロシアのような大国の大使には、いくつか他国の大使を経験した者が就くのが慣例でした。しかし、上月はそれもなく、官房長からいきなりロシア大使に就任しました。前任の原田（親仁）さんとは七期も違います。彼と原田さんとのあいだには、何人もの待機組がいて、それらをすべてすっ飛ばしたことになる。外務省内の人事が狂うので、対応に苦慮した面はたしかにあります」

安倍にとって上月は、外務省のなかでも最も信を置く官僚の一人だ。ここから今井とともにロシア外交の要として政権の期待を担っていくことになる。

「ちょうど上月がロシア大使になった頃からでしょうか。今井さんもエフゲニー・アファナーシエフという前駐日ロシア大使と定期的な食事会をおこなうようになりました。それが二〇一八年三月に後継の駐日大使に就任したミハイル・ガルージンにも引き継がれています。駐日大使にとって総理と直結する今井秘書官と日頃から接していることは、非常に有効でしょう。プーチンも評価しているのではないでしょうか」

外務省関係者がさらにこうも続けた。

「向こうは事実上の独裁体制だから、それでいい。駐日大使が総理の分身とまで呼ばれる秘書官と付き合うとなれば、大使にとってはいいことでしょう。でも、逆にこれは日本側にとっては都合が悪い。外交は相互主義が原則です。例えば、北京に駐在する日本の中国大使は、習近平の側近と食事をすることはおろか、会うことすらありえない。中国側が許さないでしょう。だけど、官邸主導の今の対露外交では、それを平気でやっているわけです」

本来、外交の専門家である外務省が、そんな事態をとめるべきなのだが、絶対的な官邸官僚にもの申す空気ではない。そこが問題なのだという。

日露による北方領土の共同経済活動をはじめ、華々しく花火を打ち上げた安倍政権の対露外交が行き詰まっているのは、もはや誰の目にも明らかだ。日ソ共同宣言に基づく北方領土の返還交渉は、むしろプーチンに手玉に取られている感が否めない。

政策の成果が思うように出なかったとき、首相は似たような言い訳をする。

「これまで誰がやってもうまく行かなかった。一ミリも進まなかった事態を動かそうとしているから時間がかかる」

対露政策もそんな言葉をしばしば耳にしてきた。難しい外交政策なのは誰もが理解する。が、対露外交はむしろ後退しているのではないか。そんな危惧のある政策を進めてきたのが官邸官僚たちなのもまた、厳然たる事実だ。

安倍政権を支える官邸官僚たちは、出身の省庁で次官候補レースのトップを走ってきたスーパーエリートではない。いわば二番手、三番手の官僚が官邸に抜擢され、忠誠を誓って権勢を振るってきた。

なかでも政務秘書官の今井は、そんな官邸官僚の筆頭格である。その今井に加え、政権ナンバーツーの官房長官、菅の傍にいる首相補佐官の和泉洋人や官房副長官の杉田和博の二人が、さしずめ官邸官僚の中軸といえる。善悪は別として、官邸官僚による支配が霞が関の秩序を破壊した。ある財務官僚はこう嘆いた。

「福田（淳一）事務次官は公文書改ざん問題の引責で五月の連休明けの処分が省内で囁かれていました。その前に辞めると省内業務が混乱する。それはたしかですが、だとしても次官の退任が三週間ほど時期が早まるだけ。しかしすぐやめると安倍政権がもたない。財務省は犠牲になっても安倍政権を守るという意識が強かった。官邸を守らねばならないというプレッシャーから、あのような無茶な対応をしてしまった」

長年培ってきた霞が関の官僚システムそのものが、崩れようとしている。

第九章　官邸に潜む落とし穴

ある補佐官の辞任

コンセッション方式による民営化——。

二〇一八年の臨時国会あたりから、コンセッションというあまり聞き慣れない政策を何度も耳にするようになった。民間の資金やノウハウを活用して公共施設の建設や維持管理、運営をするＰＦＩ（プライベート・ファイナンス・イニシアティブ）の一種とされる。

ＰＦＩは古く一九九九年、「民間資金等の活用による公共施設等の整備等の促進に関する法律」（ＰＦＩ法）として施行されたが、なかなか使い勝手が悪く定着しなかった。そのＰＦＩを進化させようと二〇一一年に法改正がおこなわれた。結果、導入された政策が、公共施設の運営を長期間民間企業に任せるコンセッションである。日本語に直訳すれば「譲歩」「譲与」。平たくいえば、公共団体の所有する施設の「運営権」を民間に販売し、利益の一部を政府や地方自治体に還元させ、赤字経営を建てなおす。企業と三〇〜五〇年の長期契約をし、公共インフラの経営を任せる民営化事業だ。

このコンセッションでとりわけ注目された分野が、水道事業だった。民間企業が都道府県や市町村の手掛けてきた水道料金を徴収する。それに先立ち、政府が一八年秋の臨時国会で水道法の改正に踏み切ったのである。

「世界の水道事業は水メジャーと呼ばれる仏の『スエズ・エンバイロメント』や『ヴェオリア・ウォーター』、英の『テムズ・ウォーター』の三社が支配している。民営化すれば、日本の水道が外資に牛耳られるのではないか」

そんなドメスティックな心配の声があがった。事実、民営化の進む欧州では民営化の失敗が目立っており、単なる杞憂とも思えない。二〇〇〇年以降の一六年間、世界三三か国二六七都市で水道事業が再び公営化されているとのオランダの民間調査結果もあった。にもかかわらず、日本政府は、わずか三例の海外の現地調査を実施したのみで、民営化に踏み切ろうとしていた。いきおい臨時国会は揉めた。国会では野党が海外の失敗例を挙げ、政府を追及した。

「水道事業の独占により、料金が高騰した」

「水質が低下して環境の悪化が進んだ」

「いったん民営化すれば自治体のノウハウが失われ、もとに戻せない」

そして会期末を控えた十二月五日午後の衆院厚生労働委員会では、立憲民主党の初鹿明博が、水道民営化の旗振り役だった前内閣官房長官補佐官に追及の矛先を向けたのである。

「公共サービス改革担当の補佐官だった福田隆之氏が二〇一七年六月にフランスに出張した際、

ヴェオリア社の副社長と会食し、スエズ社の用意した車を移動に使っていた。ワイナリーにも行っています。その件の報告を（内閣府に）求めたところ、いまだ報告がありません」

官房長官補佐官だった福田隆之は、コンセッション方式による水道民営化の仕掛人として、永田町ですっかり有名になった。当の福田はコンセッションの民間有識者として政府の検討会に加わり、そこから内閣官房長官補佐官に抜擢された異色の経歴を持つ。ところが、臨時国会が始まった直後の十一月九日付で、唐突に補佐官の職を辞任してしまう。

水道の民営化を進める当事者でありながら、海外事業者から便宜を図ってもらっているのではないか――。

福田に関し、そんな趣旨の怪文書まで出回っていた。補佐官辞任の原因が、この怪文書騒動ではなかったか、とも囁かれた。

民間の有識者である福田は、官邸官僚ではない。反面、コンセッションを実現できたのは、官房長官補佐官という立場があればこそであろう。ここにも安倍政権における歪んだ政治の絵様《えよう》が浮かぶ。

空港コンセッションの失敗

安倍政権では、例によっていくら反対の声があがろうが、疑惑があろうがお構いなしだ。立憲民主党の初鹿が質問した十二月五日、厚労委員会で法案の採決を強行し、翌六日には衆院本会議で改正水道法を成立させた。水道事業の民営化をめぐり、大きな疑念を残したまま国会の幕を閉じたことになる。

だが、政府の進めてきたコンセッションはこれだけではない。水メジャーとの関係が取り沙汰された福田が最初に取り組んだのが、関西国際空港の民営化だった。

二〇一六年四月、政府の出資する「新関西国際空港」から伊丹市の大阪国際空港とともに運営を引き継いだ民間の「関西エアポート」がスタートした。日本のオリックスと仏「ヴァンシ・エアポート」が四〇%ずつ出資して設立されたコンソーシアム企業だ。オリックスの山谷佳之が社長（CEO）に就任し、ヴァンシから副社長（共同CEO）としてエマヌエル・ムノントを招いた。空港経営の事業期間は実に四四年。関西エアポートが利益の中から二兆円以上を旧会社の借金返済に充て、経営を健全化すると謳っている。空港コンセッションは兵庫県の但馬空港が日本初だが、関空は本格コンセッションの第一号事案として脚光を浴びてきた。

その関空が一八年九月四日、台風二一号の襲来により、パニックに陥った。なぜ、ここまで混乱したのか。

〈災害対策について〉

関空を運営する「関西エアポート」が、この年の十二月十三日、事故後のレポートを公表した。台風被害から実に三か月あまりも経た調査結果である。その割には中身がスカスカというほかない。

　レポートには「災害対策タスクフォース立上げ」として、〈ハード／ソフト面の両面から以下の3つの観点で検討する〉と記されている。「護岸タスクフォース」（予防）、「地下施設タスクフォース」（減災、早期復旧）、「危機対応（管理）体制タスクフォース」（予防、減災・緊急対応、早期復旧）とある。三番目が肝心なソフト面の災害対応だが、こう書かれているだけだ。

〈災害発生時の状況を振り返って検証し、減災・緊急対応から早期復旧における意思決定の一元化・迅速化を含めた危機対応体制の再構築〉

　あまりに抽象的に過ぎてどこが問題だったのか、さっぱりわからない。

　台風二一号上陸時、空港島と対岸の泉佐野市を結ぶ連絡橋に燃料タンカーが衝突するというありえない事故の映像が衝撃的だったが、災害対応という点では、それよりもっと深刻な問題があった。空港関係者はこう憤った。

「いちばん最初の混乱は、関空側が発表した空港島滞留者三〇〇〇人という数字でした。目視で関空の職員が数えたところ、空港島に残されている飛行機の乗客がそれだけだった、とあとから言っていました。しかし、三〇〇〇人という数字が独り歩きし、それが乗客だけの数なのか、働いている人も含めた数字なのか、わからない。空港に勤務する従業員は一万人以上いる。そうした滞留者の状況も把握せず、とにかくバスを出して移送させようとしていたのは明らかでした。だから従業員が乗客に混じって脱出したり……、余計に混乱したのです」

関空では、九月四日午後一時頃から高潮による浸水が始まった。二本ある滑走路のうち、なかでも地盤沈下の激しい一期島の滑走路の被害が大きかった。ターミナルビルが水浸しになり、地下の配電盤が故障して停電した。

空港を運営する関西エアポートはこうした事態に戸惑いっ放しだった。空港島に取り残された人たちの移送を始めたのは、台風の上陸から一夜明けた五日早朝以降である。関西エアポートは、ここでようやく滞留者を八〇〇〇人と修正した。が、その時点でも乗客と空港従業員の区別はできていない。

移送手段は一一〇人乗りの高速船と五〇人乗りのシャトルバスだ。とりわけ頼りはシャトルバスのピストン輸送であり、バスで対岸の泉佐野まで利用客を運ぼうとした。だが、歩けば一時間、わずか四キロの連絡橋の移送に深夜十一時までかかる始末だった。そんな混乱のなかで悲劇も起きた。空港関係者は言った。

「中国領事館から空港に連絡があり、対岸の泉佐野まで迎えに行くから中国人の団体ツアー客をまとめて運んでほしいと要請があったのです。それで中国人ツアー客は専用バスで橋を渡り、中国領事館はたいそう感謝した。けど、それを知った台湾人旅行者が、なぜ台湾外交部は同じような対応ができなかったのか、と騒ぎだしたのです」

そしてSNSを中心に非難が巻き起こる。台風から一〇日後の十四日、それを苦にした台北駐大阪経済文化弁事処（領事館に相当）の代表が自殺してしまったのである。むろん空港側の過失だとはいわないが、移送に手間取り、パニックに陥った挙句に起きた悲劇なのは間違いない。

空港のような公共性の極めて高い交通インフラの運営は難しい。とりわけ災害時には、運営側の対応能力が問われる。関西エアポートの元幹部社員は、こう手厳しく指摘した。

「台風二一号では、まさに関空のお粗末さが露呈したといえます。一つは責任の所在の曖昧さ。空港運営のノウハウを仏のヴァンシに頼りながら、オリックスから来ている山谷社長が運営の責任を負うことになっている。二頭立ての体制で、災害時にどちらが陣頭指揮をとるのかさえはっきりしていなかった。ふだんの運営もそうですが、災害時の連絡や広報で、とくにその拙さを露呈してしまったわけです」

異例の首相会見

交通インフラである空港には、利便性や安全性が不可欠だ。その一方、被災した道路や鉄道をいかに迅速に復旧できるか、そこも重要なポイントである。先の関空関係者が問題点を突く。

「ところが、関空は一週間は空港を閉鎖すると言う。たしかに飛行機を飛ばさなければ、事故は起きないし、混乱は避けられます。が、それでは空港がなくてもいいという話。実は一期島の滑走路はすぐには使えませんでしたが、二期島の滑走路は一期島に比べると三・五メートルくらい地盤がかさ上げされているので、ほとんど浸水していなかった。台風の翌日にでも飛行機を飛ばせる状態だったし、実際、ＬＣＣ（格安航空会社）のピーチなどはそう主張していました。でも、ターミナルビルのトイレが壊れているとか、ガスがまだ来ていないとか、四の五の理由をつけて空港を再開しようとしなかったのです」

空港を所管する国交省も早期の復旧を求めたが、民営化されている以上、強制はできない。台風当日から翌日にかけ空港再開の議論はあったが、コンセッション方式ではあくまで民間企業が空港運営を担うため、所管する国土交通省大阪航空局でも従わざるを得なかったのだという。その事態が動いたのは二日経った六日朝だ。先の関空関係者が続ける。

「安倍総理が、関空は明日から再開する、と非常災害対策本部会議でぶち上げたのです。われわれも驚きましたが、あとから聞くと、国交省から総理に第二滑走路は大丈夫だと情報があがっていて、それを受けた総理が会議で話したようなのです。台風から丸一日以上経っても、関西エアポートが全然動かないので、役人が動いたのです」

内閣危機管理監の高橋清孝から台風被害の報告を受けた首相の安倍と官房長官の菅義偉は、首相補佐官の和泉洋人に指揮を任せた。和泉は国交省と連携をとり、対策チームをつくったとされる。そうなると、当初空港の再開を渋っていた関空も従わざるをえない。航空局の関係者が打ち明けた。

「（国交省の）大阪航空局が関係者連絡会議を開き、状況を整理して官邸にレポートしていました。そこで官邸側から『何、まごまごやってるんだ』という指示が飛んできたと聞いています。

総理の発言がそれを後押しした。対策本部会議で総理が言っているのに何やっているんだ、と国交省から関西にシグナルが送られた格好です」

実は九月六日にも新千歳空港発の一便を関空に着陸させる計画だった。だが、同日に発生した北海道胆振《いぶり》東部地震でそれを断念し、七日からの二期島滑走路の運航となったという。七日にはピーチの一七便に加え、ＪＡＬの二便が飛んだ。

むろん一期島の滑走路や鉄道の復旧には時間を要したが、台風被害から三日目の空港再開については、まずまず評価が高い。しかし、それは民営化された関西エアポートが主導した作業ではない。関係者たちにとっては、むしろ足を引っ張られたというのが実感だという。

「災害対策を通じてわかったのは、日本のオリックスと外資のヴァンシの覇権争い。それは好きにしてくれていいけど、挙句、経営陣とこれまで働いてきた空港の専門スタッフとの意思疎通がまったくできてない。空港運営現場のリアリティを感じないのです」（同前）

台風から三か月あまり経って災害レポートを発表した関西エアポート専務の西尾裕《ひろし》を取材すると、こう言った。

「今度のレポートは最終形態の形をとっていますが、対策の詳細はこれから詰めていきます。最初に発表した滞留者の三〇〇〇人は職員の目視で推計したものであり、八〇〇〇人の内訳については現在も調べていません」

本格的な空港コンセッションの第一号事案として、インバウンド効果の強烈なフォローのおかげでようやく利益を出せるようになった関空。もとはといえば、官房長官補佐官に就任する前、福田が大阪府知事だった橋下徹にコンセッションの導入を働きかけて実現したものだ。そこから福田は補佐官として全国の空港民営化、さらに水道へと手を広げてきた。

だが、民営化は決っして魔法の杖ではない。赤字の公共事業に明るい未来が開けるわけでもない。

元大臣の告白

「コンセッションについては、検証が必要だとは思っています。たとえばインバウンドが右肩上がりで増えているような状況において、空港がうまくいく余地はある。しかし、需要が落ちる事業、市場が縮小していくものについては、果たして半永久的にコンセッションが可能かどうか。そこは慎重に検討しなければなりません。水道などはその一つかもしれません」

国土交通大臣を務めた前原誠司(国民民主党)がそう語る。一〇年前の民主党政権時代、「コンクリートから人へ」というスローガンを掲げ、公共事業の民営化の旗を振ってきた中心人物が、ほかならない前原である。その前原でさえ、今ではコンセッションに異議を唱えている。

前原が国交大臣として取り組んだ一つが、政府の管理する新関西国際空港の民営化だ。のちにそれが実を結び、空港コンセッションの本格的な第一号として鳴り物入りでスタートしたのは前に書いたとおりである。

その空港コンセッションでは、企業統治（ガバナンス）の欠如や災害時の対応の拙さを露呈した。二〇一八年九月の台風で生じた事態について前原に尋ねた。

「災害時にどこが責任を持つか。おそらく（コンセッション）契約の中身に、その想定が入っていなかったのだと思います。国も対応が決まっていなかったので、初めはオリックスさんとヴァンシさんでやってくださいよとなった。いや、それは国でやることでしょう、とお互い押し付け合いになる。それで混乱したのでしょう。戦争や大規模震災などの有事では、空港という重要インフラは国が一義的に責任を持たなきゃいけない。それを契約のときに決めておく必要があるのです」

さすがに関空を民営化した張本人だけに、前原はあからさまに「コンセッションの失敗だ」とは言わない。

「衆院本会議場での隣がたまたま石井啓一国土交通大臣なので、国土交通大臣経験者同士として話す機会がありました。で、関空のほか、自然災害によるインフラ整備は国費でテコ入れすると言っていました。ああいう災害が起き、検証できて対応策がとれたのだから、むしろ私はよかったんじゃないかと思います」

しかし、そもそも関空は放っておいてもインバウンドで利益が上がる。それなら、コンセッションによる民営化が必要だったのかどうか。そんな疑問すら湧く。

このコンセッションの旗振り役だったとされる、前官房長官補佐官の福田隆之とはいったい何者なのか。一八年暮れの臨時国会で、水道民営化の推進役としてその存在が取り沙汰されたが、一般にはあまり知られていない。

一九七九年千葉県生まれなので、当年四〇歳という若さだ。福田は二〇〇二年三月に早大教育学部を卒業し、野村総合研究所に入社して公共事業の政策を研究するようになったという。

もともと政治や行政への関心が旺盛だったのだろう。福田は早大で政治サークル「鵬志会」に入り、大学四年生時の〇一年十一月には、その延長線上でNPO法人「政策過程研究機構」を設立して代表に就任した。知人の一人が学生時代を思い起こしながら話した。

「鵬志会は彼の原点です。その頃から自民党青年局の学生部に出入りし、早大の先輩議員の選挙を手伝っていました。卒論のテーマが『ニューパブリック・マネージメント』。文字どおり、公共事業の民営化がテーマでした。そして大学卒業後、野村総研に就職してからもNPO『政策過程研究機構』の活動を続けていました。早大に通っていた東国原（英夫）さんが〇七年の宮崎県知事選に出馬するにあたり、福田氏はそのマニフェスト作成に関わりました。もともと有名人好きなのでしょうね」

前知事の談合事件を批判して出馬した東国原は「そのまんまマニフェスト」なる公約で「宮崎県を変える」と民間活力による地域経済の活性化を謳い、当選した。

そのマニフェストづくりを担い、自信を得たのかもしれない。福田はそこから折々の政権中枢に近づき、自らの政策を実現させていく。

竹中・福田ライン＋橋下徹

日本におけるコンセッションの源流をたどれば、民主党政権時代の国交大臣だった前原が、福田を有識者として政府の委員会に招聘したことに始まる。紹介者は小泉純一郎政権時代に規制緩和で鳴らした竹中平蔵だという。小泉は「官から民へ」、前原は「コンクリートから人へ」というスローガンを掲げたが、つまるところ公共事業を減らすという政策だ。

「国土交通大臣として私は、選挙公約として掲げてきた高速道路の無料化に取り組み、そこで親交のあった竹中平蔵先生にアドバイスを頂戴しました。そしてあるとき朝食会に竹中先生が福田さんを連れて来られ、紹介されました。それで、国土交通省の中に成長戦略会議をつくって福田さんにメンバーに入ってもらったのです。その中でインバウンドをどう増やすか、という大きなテーマを掲げた」

〇九年九月に誕生した民主党政権で、前原は鳩山由紀夫内閣の一年間、国交大臣を務めた。目下、成長戦略における安倍政権の看板政策である訪日外国人旅行者の拡大政策は、民主党時代の発想でもあったわけだ。

野村総研に勤めていた福田はＰＦＩ・ＰＰＰ政策の専門家としてこの年の十二月十四日、国交省の第五回「成長戦略会議」に初めて出席した。このとき大阪府知事だった橋下徹も同じ会議に招かれている。議題は関空のＬＣＣ拠点化やインバウンド政策についてである。

以来、前原と竹中の後押しを受けた福田は成長戦略会議だけでなく、内閣府のＰＦＩ推進委員会にも参加するようになる。そこでＰＦＩ法の改正を働きかけていく。公共施設の建設から維持管理までを民間が引き受ける従来のＰＦＩではなく、運営権の販売という新たなコンセッション方式に切り替えるためだ。そうして民主党政権だった一一年六月、法改正によりコンセッションの導入が可能になる。民主党では、前年に鳩山から菅直人に政権が移り、前原は国交大臣から外務大臣に横滑りしていたが、コンセッションには肩入れし続けた。

折しもこの年の三月十一日、東日本大震災が東北一円を襲った。宮城県では津波が仙台空港に到達し、滑走路の航空機が流されていく衝撃的な場面がテレビニュースで流れた。そこから菅内閣は空港再建のため、関空のコンセッションと同時に、仙台空港の民営化に乗り出した。ちなみに、水道コンセッションは、空港より遅れて計画された感があるが、実はこれも同じ時期から進んでいたという。

「まだコンセッションとは呼んでいなかったけど、事実上、水道コンセッションも仙台空港といっしょに働きかけていきました。東日本大震災が起きた直後の一一年五月、私は福田さんといっしょに仙台に行き、村井（嘉浩）知事に対し、仙台空港だけじゃなく、水道の民営化も提案したのです」

当の前原がこう振り返った。

「東日本大震災では、沿岸部がすべて津波で壊滅的な被害を受けていました。そこで村井知事に、広域の自治体協議会をつくり、一体的に上下水道を管理、運営できるように改組してはどうか、そこに民間の経営手法を取り入れたらどうですか、と提案しました。村井知事は仙台空港と宮城県の水道の両方を検討し、先に空港に手を付けたわけです」

空港とは異なり、水道コンセッションには水道法の改正が必要だったため、後回しになったわけだ。全国の自治体のなかでは、宮城県が最も水道コンセッションに前のめりだとされるが、それは東日本大震災のときのこうした経緯があったからにほかならない。

周知のように民主党政権は〇九年から一二年までの三年しかもたなかった。したがって現実には、それを引き継いだ第二次安倍政権で、コンセッションが動き始めたといえる。そこでも、民主党政権のときと同じく、中心は竹中・福田のラインだ。

いったん下野した自民党が政権に返り咲く前夜の一二年三月、政府委員会に参加する有識者として顔を売ってきた福田は、国内三大監査法人の一角である「新日本有限責任監査法人」にヘッドハンティングされる。パブリック・マーケッツ推進本部インフラストラクチャー・アドバイザリーグループの金融・PPP・PFI担当エグゼクティブディレクターという肩書で、取り組んだのが関空のコンセッションである。この間、大阪府知事から大阪市長に転身した橋下徹は、民主党時代から政府の委員会で福田といっしょになり、福田のことを高く評価してきたとされる。

そんな縁もあり福田は一二年一月、関空と水道コンセッションを進めるべく、大阪府・大阪市の特別参与に就任する。

一方、竹中平蔵は第二次安倍政権が誕生すると、明くる一三年一月、内閣官房日本経済再生本部の下に置かれた「産業競争力会議」のメンバーに抜擢された。官房長官の菅義偉が竹中を推薦したとされる。菅は第三次小泉改造内閣時代に総務大臣だった竹中の下で副大臣を務めて以来、竹中の政策を信奉し、今でも頻繁に会っている。産業競争力会議は一六年九月、「未来投資会議」に衣替えするが、どちらもアベノミクスの成長戦略を担うエンジン役として期待されてきた。

関空から官邸へ

福田はその竹中の右腕として仕えてきた。二人は空港と水道のコンセッションを実現すべく、二人三脚で取り組んできたといえる。

たとえば一三年四月三日の「産業競争力会議」テーマ別会合では、竹中が次のように提案している。

「規制改革の突破口としての特区を今までと違う形で大幅に拡充したい。もう一つは、官業の民間開放としてのコンセッションを今までとは違うスケールで進めるという点。この二つが実現すれば、日本の経済にかなり違った景色をつくれるのではないか」

念を押すまでもなく、竹中の挙げた二点のうち、特区の見直しは加計学園問題で注目された「国家戦略特区」であり、もう一つが福田と進めてきたコンセッションだ。内閣府の関係者が打ち明けてくれた。

「竹中先生がこうした会議で提案する際、バックデータの資料作りを担ってきたのが、福田さんでした。それだけでなく、会議にも出て竹中先生をサポートする。その構図は、のちに設置された未来投資会議においても同じでした」

実際、産業競争力会議関連の議事録を見ると、竹中と福田のどちらか、あるいはコンビで登場する場面がやたらと目にとまる。とりわけ一四年二月の「第二回産業競争力会議フォローアップ分科会」（立地競争力等）以降は、毎回のように二人がそろって出席している。一例を挙げると、一五年四月十三日に開かれた「産業競争力会議」の第一五回実行実現点検会合にも、福田が民間の有識者として参加し、こうぶち上げている。

「（公共施設の）運営権の場合は（中略）民間に設定されるが、資産そのものは行政側に残る。行政側に残る資産は、当然何か大規模な災害などが発生した場合には復旧をしたりしないといけない。復旧をするときに交付税や補助金でその復旧財源を国から補塡してもらう必要があると考えていくと（中略）公営企業を維持しなければ、交付税や補助金をもらうことが現状はできない」

そうして竹中や福田は、関空や仙台空港のコンセッションに取り組んできた。わけても関空では、新日本有限責任監査法人が政府のアドバイザー企業に選ばれ、そこに籍を置く福田は関空コンセッション検討チームのリーダーになる。ところが、関空関係者から聞こえてくる福田の評判はさんざんだ。こう明かした。

「いざ計画をつくろうとすると、きちんとできない。あるときなどは福田氏のつくった実施計画の素案を見て財務省が激怒しました。理由をごく簡単にいえば、財務省は関空の借金返済にこだわっていたけど、彼の素案は仮定の計画ばかり。現実には返済のあてがないという内容でした。それで検討メンバーを替え、再び計画をつくり直した。しかし、解決策を探っていくギリギリの議論についてこられなかったのかもしれません。福田氏はいつの間にか検討会に参加しなくなり、懇意の村井知事の進める仙台空港のコンセッションに乗りかえていきました」

これでは会社にも居づらくなる。福田は新日本有限責任監査法人を退社してしまったという。そうして関空関係者たちが気づいたときには、当人が内閣官房長官補佐官に就任していたというのである。関係者たちはさすがに仰天したらしい。

「竹中先生はずっと福田氏を使ってきましたから、福田氏が竹中先生に相談し、菅官房長官に推薦したのではないでしょうか。それで、一五年も押し迫った年の瀬になり、官房長官が彼の補佐官就任を記者発表したのです。さすがに驚きました」

一六年の元旦付で官房長官補佐官に就任した福田は、以前にも増して権勢を振るうようになる。同月に開かれた内閣府の民間資金等活用事業推進室（ＰＰＰ／ＰＦＩ推進室）の「第一回ＰＰＰ／ＰＦＩ推進タスクフォース全体会合」では、議長の和泉に次ぐナンバーツーの議長代理として参加する。第二章で書いたように、首相補佐官の和泉洋人は菅義偉官房長官のブレーンとして安倍政権を支えてきた代表的な官邸官僚である。

そして内閣官房長官の下、「未来投資会議」委員の竹中平蔵東洋大学教授とその懐刀である官房長官補佐官の福田隆之が、コンセッションという名の公共事業の民営委託を推し進めてきた。

目下、竹中が参画する未来投資会議は、第二次安倍政権発足当初に設置された産業競争力会議をさらにパワーアップさせた政府審議会だ。議長は日本経済再生本部の本部長を兼務する内閣総理大臣の安倍晋三である。小泉純一郎政権のとき、オリックス会長の宮内義彦とともに規制改革の司令塔と呼ばれた竹中が、安倍政権でも再び同じ任を担うようになっている。ちなみに竹中は、関空コンセッションの中心であるオリックスの社外取締役を務めている。

前述したように、この竹中の腹心である福田もまた、関空コンセッションのアドバイザー企業「新日本有限責任監査法人」検討チームのリーダーだった。そこを外れたあとの一六年一月、内閣官房長官補佐官に抜擢され、関係者を驚かせた次第である。

そんな竹中・福田ラインは、空港とともにさまざまなコンセッションの旗を振ってきた。なかでも大きな目玉政策が、上下水道のコンセッションなのである。下水道コンセッションが上水道よりひと足先の一八年四月、静岡県浜松市でスタートしている。上水道コンセッションが遅れたのは、水道法の改正が必要だったからで、一八年末の臨時国会で審議入りし、物議を呼んだのはすでに述べた。

その臨時国会を控えた時期に、キーマンの福田官房長官補佐官を名指しで批判した怪文書騒動が起き、それが原因で補佐官の座を追われたのではないか、とも取り沙汰された。水道コンセッションの実現を目前にした一八年十一月九日、唐突に福田が官房長官補佐官を退任した理由について、菅は「業務に一定の区切りがついたためだ」と会見で説明した。だが、それを鵜呑みにするような永田町の住人は、さすがにいない。

フランス出張の疑惑

手元にあるその文書は、A4判用紙で一〇枚つづりになっている。写真付きの福田の履歴書や竹中と福田らの関係を記したチャート図、新聞報道のコピー、さらには補佐官任命時の復命書のような書面もある。そこには関係当事者しか知りえないようなことが数多く記されている。まるで内部告発だ。肝心の文書の中身については、これまでほとんど報じられていないので、改めて気になる箇所を抜粋する。

とりわけ問題視されているのが、福田の補佐官就任一年あまり後、厚労省や国交省の関係者を引き連れて向かった一七年六月の欧州水道視察である。【日程概要】として、こうある。

〈6月11日（日）：羽田空港→シャルルドゴール空港着→パリ泊

6月13日（火）：ボルドーへ移動→ボルドーの上水・下水処理施設視察→ボルドー泊

6月16日（金）：カンヌへ移動→カンヌの上水施設視察→スエズ社とのミーティング→カンヌ泊〉

六月二十日まで一〇日間の出張の模様が記されている。それらは、いずれも内閣府の出張記録と符合する。ただし、文書では皮肉も忘れない。

〈ボルドー、バルセロナ、カンヌと完全にお遊びですね……こんなひどい出張久々に見ました〉

文書には、同行官僚たちが福田をどのように扱えばいいか、その〝注意書き〟まで添付されている。

〈中華料理やアジア料理が好き。フランス出張の際は朝食に甘いものを食べる習慣（朝食にクロワッサンしかない）ことに苦しんでいた〉

〈補佐官室にポテトチップスを常備されている。菓子は全般的に好き〉（カッコ内を含めて原文のまま）

文書の焦点は、視察先の「スエズ」や「ヴェオリア」といった仏水メジャーと彼らとの怪しげな関係だろう。次のような記載もある。

〈もともと福田氏とヴェオリアは接点があったようで、某マーケット関係会社に聞くと、かなりべったりとのこと。下水道のコンセッションの第1号は浜松町（筆者注＝浜松市）の案件なのですが、3月にヴェオリアを中心としたコンソーシアム（事業連合）に決まりました〉

道路や空港、水道など、社会資本整備における公共施設の財産価値をインフラ資産と呼ぶ。そのなかで高速道路や上下水道といった利用収入を伴う日本のインフラ資産は一八五兆円とされる。うち水道資産は一二〇兆円と突出している。下水道が八〇兆円、上水道が四〇兆円だ。

水メジャーにとって一二〇兆円のインフラ資産を誇る日本の水道市場は、まさに垂涎《すいぜん》の的といえる。舌なめずりする世界の水メジャーにとって、日本の水道民営化におけるキーマンの歓待などは、安い御用に違いない。いったい何が起きているのか。政府の関係者たちは、日本で初めて実現した静岡県浜松市下水道コンセッションに注目してきた。

「PFI法が改正され、国交省では自治体との勉強会を一五年十月から始めました。そこで浜松がコンセッションを導入する話がもちあがりました。市町村合併により複数の市町村にわたった汚水を集める流域下水道について、浜松市という大きな市が管理することになり、その中でコンセッションはどうかという話になったのだと認識しています」

所管する国交省下水道企画課企画専門官の岸田秀は、表向きの経緯をそう説明する。反面、コンセッションに携わった政府関係者は、浜松市の水道コンセッション導入の裏事情について、以下のように打ち明けた。

「浜松市の鈴木康友市長は元民主党代議士だけど、衆議院議員時代から菅官房長官と親しかった。三選目の一五年四月の浜松市長選では、自民が対抗馬の候補を立てず、それどころか官房長官自ら応援演説に駆け付けたほど。下水道コンセッション計画が、二人の間で水面下の話として進んでいてもおかしくない」

文字どおり、それを補佐したのが福田だという。結果、浜松市の下水道コンセッションは、水メジャーの仏ヴェオリアが代表企業となり、日本側からは関空と同じくオリックスのほか、東急建設やＪＦＥエンジニアリングなど五社の企業連合が参加した。ヴェオリアをはじめとするそれらの民間企業が二五億円で二〇年の運営権を市から買い取っている。

ヴェオリアについては、内閣府の民間資金等活用事業推進室に日本法人の社員が出向している事実も判明し、「利益誘導ではないか」と野党が責め立ててきた。

浜松市では、コンセッションにより二〇年間で下水道事業費の一四・四％にあたる八六億円がコストカットできると皮算用をする。年に四億円あまりのコストが浮く計算だ。が、そのまま二〇年間ずっと利益を出し続けられるかどうか、甚だ不安でもある。

企業のいいとこどり

民営化された世界中の水道事業が公営に逆戻りしている失敗など、どこ吹く風。宮城県では、二一年度中に上下水道一体のコンセッションを導入すべく動き始めている。また、浜松市は臨時国会での水道法の改正を踏まえ、二〇二二年四月からの上水道コンセッションを目指すことになった。これらに深くコミットしているのが、官房長官補佐官だった福田であり、福田は外資の水メジャーと連携してきた。先の政府関係者が言葉を足す。

「浜松は水メジャーではヴェオリア単独でコンセッションに乗り出している。ライバルのスエズは出遅れて競合していないので、福田がヴェオリアとかかわる必要はありませんでした。しかしヴェオリアの力の入れようを見て、福田にとってもこれはうま味がある事業だと改めて気づいたのではないでしょうか。水メジャーはどこも、民営化後の巨大な日本の水道市場を虎視眈々と狙っている。彼らにとって官房長官補佐官は近づきたい相手であり、福田はちやほやしてもらえる。互いにメリットがあるわけです」

ヴェオリアに続き、ライバルのスエズは日本のゼネコン「前田建設」と上下水道事業で業務提携する覚書を交わした。実は、スエズと福田との関係は深い。政府関係者はこうも言った。

「福田は補佐官としてフランスに都合三回出張していますが、視察先の中心がスエズの施設です。そのスエズには、彼が師と仰ぐコンサルタントの舟橋信夫さんをアジアアドバイザーとして押し込んでいる。舟橋さんは野村證券から米モルガンスタンレー、豪マッコーリーグループと証券、投資銀行を渡り歩いてきた国際金融マンですけど、福田を可愛がっていましてね。福田は舟橋さんがマッコーリーを辞めたあと、新日本有限責任監査法人に引き入れ、コンセッションの相談をしてきました。その後、福田が新日本を辞めたあと、舟橋さんがスエズのアジアアドバイザーになった。スエズにとっても、舟橋さんは官房長官補佐官とつながっているので、使い道がありますからね」

官房長官の菅の下、竹中、福田、舟橋というラインでさまざまなコンセッション事業が展開された。先の文書には、こうも記されていた。

〈福田が手を出しているのは静岡と北海道（注＝空港）。北海道は7空港一体で、ＰＦＩを活用しようとしている〉

数ある空港コンセッションのなか、福田は仙台とともに北海道の空港民営化に血道をあげた。北海道七空港をいっぺんに民営化する計画で、対象は新千歳、釧路、函館、稚内、帯広、旭川、女満別《めまんべつ》の七空港だ。

「進行中の北海道七空港のコンセッションについて、国交省案ではもともと新千歳、釧路、函館、稚内という国管理の四空港を対象にしようとしていました。地方自治体所管の空港だと、それぞれの議会の賛成を得なければならないので、やりにくい。だからまず国管理空港をプラットフォームとし、あとから必要に応じてそこに加えればいい、という計画でした。そのほうがスムーズにいくでしょう」

前出の政府関係者はこうこぼした。

「ところが、福田はそれだけではダメだ。帯広や旭川を入れろと言い出したのです。福田は帯広市などと仕事をしていたので、向こうの市長や幹部職員と仲がいい。それだけの理由のようにも感じますが、それが道内の広域観光ルートづくりの旗印を掲げる菅官房長官の意向だと言い、七空港のコンセッションをぶち上げたのです。むろん国交省にとっては抵抗がありました。けど官房長官を持ち出されると、どうしようもありませんからね」

結果、帯広、旭川、女満別などを加え、北海道全域一三空港の半分以上の民営化を目指すことになる。そうしてスタートした北海道七空港のコンセッションだが、関空のときと同じく、具体的な計画づくりは福田ではなく国交省が担ったという。さらに政府関係者が内実を明かした。

「菅官房長官はとくに民営化への興味はなく、観光が活性化すればいいわけです。福田はそれをうまく使い、官房長官に食い込んでコンセッションの主導権を握ろうとしたのでしょう。しかし現実的な計画作りは役人任せ。というより計画作成は苦手なのでしょう。それでいて自分がやったとアピールするため、道内のシンポジウムを催したり、そこに官房長官のビデオメッセージを流したりした。官房長官の言う広域観光ルートづくりの一環だと言ってはばからない。総理のご意向ではないけど、実際、〝官房長官のご意向〟という形で主導権を握っていったのです」

国交省は二〇一六年中に七空港のコンセッション計画案を作成した。ところが、そこへ竹中・福田ラインの横やりが入ってひと悶着あったようだ。先の政府関係者が苦笑いした。

「政府のアドバイザー企業には、関空を手掛けた新日本有限責任監査法人が決まっていた。あとはコンセッション事業者を募ればいい、という段階にまで計画は煮詰まっていました。ですが、福田は自分が新日本を辞めたあと、特定の監査法人ばかりがやるのはおかしい、などと言い出し、そこから計画が振り出しに戻ってしまった。そうこうしているうち、竹中さんが未来投資会議で五原則のコンセッション方針を打ち出してきたのです。通称、竹中五原則と呼ばれ、これにより計画が一年近く遅れました」

竹中が一七年三月二十九日の未来投資会議構造改革徹底推進会合で、それを提案したという。竹中五原則をわかりやすくいえば「七空港一体の枠組みの共有」「公平な入札」「提案や要求水準を遵守しない場合の契約解除」「民間の経営力と統合効果による成長」「管理者による出資の原則禁止」となる。それらは、とりたてて珍しい提言でもない。

「例によって福田が資料作りを担い、竹中さんが発表したのですが、中身は国交省や北海道庁で検討してきたものの焼き直し。つまるところ竹中・福田がイニシアティブを握るためのデモンストレーションでしかありません。そのせいで計画がずれ込み、今年（二〇一八年）ようやくコンセッション事業者を募集しているあり様です」（前出・政府関係者）

慎重に検討するのは悪くはないが、つまるところ竹中・福田ラインの〝自己承認欲求〟の表われに過ぎない、と関係者は酷評する。

民間企業の運営で利益をあげて累積赤字を解消しながら、有事や災害があれば、国や地方自治体が対応し、施設の補修も引き受ける――。ごく簡単にいえば、コンセッションはそういう公共事業の民営化である。企業にとっては、すこぶる旨味のある話の半面、国民にとっては企業にいいとこどりをされているだけのようにも感じる。

そんなＰＦＩ、コンセッションの仕掛け人は政府を去ったが、この先、有識者として会議に参加する模様だ。

もっとも、さすがに水道の民営化には、異論も出始めた。

二〇一九年一月、東京都は水道コンセッションではなく、公営のままコストダウンする道を選んだ。また、市議会の反発を恐れた浜松市長の鈴木康友は一九年一月、二二年から導入するとしてきた上水道のコンセッションを延期すると発表した。四月の統一地方選に向け、市民にアレルギーの強い上水道の民営化を引っ込めざるをえなかったともいわれる。が、あくまで選挙向けの延期なので、この先、復活することも十分予想される。

竹中・福田ラインは、産業競争力会議や未来投資会議、PPP／PFI推進タスクフォース全体会合などを動かし、公共事業の民営化を進めてきた。その議事録を精査すると、コンセッションに対する二人の力の入れようが、手に取るようにわかる。半面、議事録は常に予定調和的でもある。すでに官邸のお墨付きを得てレールが敷かれたうえで、自らの存在を誇示する舞台装置にすぎない。ものごとの進め方は、官邸官僚たちのそれとよく似ている。

しかし、そもそもなぜ公共事業を民営化するのか、その説明に説得力がない。コンセッションは、安倍一強の威光を笠に着る者の手柄のためにあるわけではない。それだけはたしかだ。

おわりに

　安倍一強政治の弊害として、すっかり定着した官僚の「忖度」のほか、「恣意的な人事」や「恣意的な情報操作」という表現がしばしば用いられる。その「恣意」の意味を広辞苑で引くと、こう書かれている。

〈気ままな心。自分勝手な考え〉

　たとえば年初来、国会を騒がせてきた厚労省の「毎月勤労統計」のデータ不正は、アベノミクスで収入が上がったように見せかけるための恣意的な工作ではないか、と野党から糾弾された。本来、全数調査しなければならない五〇〇人以上が働く事業所の従業員の収入調査について、二〇一七年までサンプル調査で実態より低く算出していたものを一八年から見直し、いかにも収入が上がったかのように見せかけたという。それが、アベノミクスによる景気浮揚効果を演出した偽装工作ではないか、と野党が追及してきたのだが、安倍政権で起きた不祥事は、この手の数合わせのような嘘がやたら多い。

　国会論戦のなかで、しばしば用いられる「恣意的」という政府批判は、二つの意味合いをはらんでいるように思える。隠蔽の意図はないと言い続けてきた厚労省の統計調査における「恣意」は、確信犯として不正を意図して隠してきた、そんな意味合いが濃いのではないか。なにより防衛省の日報隠蔽や財務省の文書改ざんにおける嘘は、まさしく確信犯的な情報工作というほかない。

一方、加計学園問題における首相本人の「私や妻が関係していたということになれば、総理大臣も国会議員もやめる」発言をはじめ、「加計学園とは会ったが、愛媛県や今治市の職員とは会った覚えがない」といった秘書官の答弁などは、意図した偽装工作と呼ぶには、あまりに突飛すぎる。むしろ深い考えがおよばない「気ままな心」に従っただけの子供染みた嘘のように感じる。安倍晋三が首相に返り咲いて以来、現政権の体制は、日本の憲政史上、最も長くなろうとしている。だが、盤石といわれながら、安倍政権には、この二つの恣意的な不安定要素が混在してきた。安倍政権を支えてきたはずの官邸官僚たちは、自らの恣意的な嘘を露呈し、内閣の失態をさらしてきたともいえる。

混乱を招いた事態は、内閣のトップである首相やナンバーツーの官房長官に最大の責任があるが、実際に政務、行政を動かしてきたのは、首相の側近たち、つまり官邸官僚たちである。政務の首相秘書官である今井尚哉が、門外漢であるはずの外交に手を突っ込んだ。だが、結果に目を凝らすと、成果があがっているように見せかけているだけであり、実情はむしろ惨憺《さんたん》たるあり様だ。挙句、政府内に無用な軋轢を生じさせている。なぜ今井は外務省の領域に踏み込むのか。そんな素朴な疑問を内閣の幹部にぶつけてみると、こう答えた。

「つまるところ今井さんの頭のなかには、安倍内閣の支持率をいかにあげるか、それしかない。

だから不可能とわかっていても、無謀な仕掛けを平気でやる。いくらなんでも北方領土の解決が極めて難しいことは承知のはずなのに、あたかも二島が帰ってきて大きく前進するかのように見せている。その雰囲気づくりのため、ロシアに対する経済支援や北方領土の共同開発などをぶちあげた。それらはあまりに外交的な思料が欠けているけれど、内閣支持率だけはあがる。彼にとっては、それでいいのです」

この恣意的な行為は、まさに気ままで身勝手な考えから発しているのではないだろうか。経産省時代から今井が温め、得意としてきたはずの原発の海外輸出もまた然りである。

第二次安倍晋三政権の発足以来、掲げてきたアベノミクスの三本の矢で、なかなか放たれなかった成長戦略のなかで最も期待されたのが、海外へのインフラ輸出であり、原発輸出だった。今井の主導してきたその政策が行き詰まっている。失敗は当然の帰結という以外にない。

日本政府は八年前の東電福島第一原発の事故処理もままならず、核燃料サイクルの中核である高速増殖炉「もんじゅ」の廃炉を決定してなお、そこに突き進んできた。

今井は民主党政権下でエネ庁の次長だったとき、原発事故対策に直面した。日本だけでなく世界中で脱原発の機運が高まるなか、今井は原発存続のために奔走した。滋賀県知事として脱原発を掲げた嘉田由紀子や大阪市長の橋下徹のところを密かに訪ねたのは、これまでにも書いてきた。

「現状で原発をゼロにしたら死者が出る」

あの橋下にそう宗旨替えまでさせたのは、語り草になっている。今井本人からも直接聞いたが、水面下で米国の原発推進派議員に会い、日本の原子力政策に対する理解を求めてきたという。

次に民主党政権から安倍が政権にカムバックして絶大な信頼を得た今井は、成長戦略の中心として原発輸出を据える。経産省時代から温めてきたトルコへの原発輸出に踏み切り、さらに英国にも売り込んだ。そこについて経産省の元同僚はこう言った。

「もともとトルコへの原発輸出は、東芝と東電が計画していて、第一次安倍政権時代からあったもの。それが原発事故でとん挫し、復活させようとしたのが、第二次政権で首相の政務秘書官になった今井さんでした」

一三年には首相とともにトルコを訪問し、原子力協定の締結にこぎ着ける。米ウェスチングハウス買収の失敗で経営難に陥った東芝・東電連合に代わり、三菱重工・伊藤忠連合で、シノップ原発の四基導入を決めた。

が、当初一基五〇〇〇億円と見込んだ建設費が、やがて安全対策や工事費の高騰により倍の一兆円を超えそうだと判明する。そうしていち早く伊藤忠が撤退し、さらに三菱重工もバンザイした。残る頼みが、英国だったのである。

英国の原発プロジェクトは日本経団連会長に就任した日立製作所の中西宏明を中心に、三メガバンクと国際協力銀行が一兆五〇〇〇億円を融資し、日本政府が融資の全額を債務保証する計画だった。政府系の日本政策投資銀行や中部電力などの出資を含め、総額三兆円の大プロジェクトで、その後ろ盾が今井だった。

しかしついに一八年十二月十七日、頼みの日立まで白旗をあげた。これで原発輸出計画は全滅だ。先の厚労省のデータ不正に見るまでもなく、アベノミクスもいよいよ怪しくなってきた。しかし不思議なことに、それでもなお政権は健在なのである。

脆くも崩れた第一次政権のときと今の安倍政権とでは、どこが異なるのか。政府内の官僚たちからは首相自身が学習した結果だという声も聞くが、それより決定的な違いがある。有体にいえば、政権が長続きする理由は、内閣の中核メンバーが異なっているからではないか。内閣官房長官と官房副長官、それを支える補佐官の顔ぶれである。実際、菅義偉が官房長官でなければ、ここまで長期政権が続いていたかどうか。

隠蔽や改ざんが明るみに出ようが、素知らぬ顔で政権運営に邁進する。鉄面皮の懐刀は、第一次政権のときにはいなかった。その官房長官を補佐する政策ブレーンが、官房副長官の杉田和博や首相補佐官の和泉洋人だろう。安倍政権を守り通すという一点において、ある意味、首相の周囲にいる官邸官僚たちはすこぶる機能している。

菅を中心とした官邸官僚たちは、紛れもなく安倍政権を支える屋台骨である。また、竹中平蔵といった民間の有識者も、菅の頼る政策ブレーンとして、官房長官補佐官の福田を従えて未来投資会議を牛耳ってきた。

その菅に対し、政務の首相秘書官である今井をはじめ、第一次政権から首相を支えてきた官邸官僚たちも存在する。いわばお友だちグループだ。長谷川榮一や柳瀬唯夫といった経産官僚たちの顔が浮かぶ。

いわば二種類の官邸官僚たちが、この先も安倍政権を支え続けるのだろう。彼らがおこなってきた恣意的な偽装工作は、とうの昔に行き詰まっているはずなのに、無理やり政権を維持してきた。そこに、とてつもない無気味さを覚える。

いったい戦後の日本を背負ってきた高級官僚たちの矜持は、どこへ消し飛んでしまったのだろうか。

防衛省・自衛隊によるイラクの日報隠蔽や森友学園の土地取引についての財務省の文書改ざん、加計学園の獣医学部新設をめぐる文科省や愛媛県文書に対する政府の言い逃れ……。安倍政権における省庁のデータ不正や国会の虚偽答弁は、過去に例を見ないほど目にあまる。そこでは常に政権側の恣意的な偽装工作や情報操作という事実が突きつけられ、政府高官が立ち往生してきた。

もっとも行政の歪みの元凶として、しばしば指摘される安倍一強体制は、本当に盤石なのだろうか。これほど行政上の数合わせやデータ改ざんが露見してきたのは、霞が関の不満がたまっているからかもしれない。安倍政権はいわれるほど強くはないようにも感じる。

果たせるかな、二年後のポスト安倍がこの危うい政権運営のツケを背負い込むことになりそうだ。

本書は二〇一八年、月刊「文藝春秋」で始めた連載を機に現在まで続けてきた取材をもとに、書き下ろしたものである。当時の編集長でこの度、本書の編集を担当していただいた大松芳男ノンフィクション編集局次長をはじめ、雑誌の連載を企画していただいた担当デスクの竹田聖さん、編集部の織田甫さんや片岡侑子さんには多くの取材をお願いした。また小学館「週刊ポスト」でも官邸問題について、書かせていただいた。担当デスクの酒井裕玄さん、記者の永田麗幸さんにひとかたならぬお世話になった。この場を借り、心より礼を申し上げたい。

なお、登場人物の敬称は略させていただいた。

二〇一九年五月

森　功

森 功（もり　いさお）

1961年福岡県生まれ。岡山大学文学部卒。出版社勤務を経て、2003年フリーランスのノンフィクション作家に転身。08年に「ヤメ検――司法に巣喰う生態系の研究」で、09年に「同和と銀行――三菱東京UFJの闇」で、2年連続「編集者が選ぶ雑誌ジャーナリズム賞」作品賞を受賞。18年『悪だくみ　「加計学園」の悲願を叶えた総理の欺瞞』で大宅壮一メモリアル日本ノンフィクション大賞を受賞。他の著書に『泥のカネ　裏金王・水谷功と権力者の饗宴』、『なぜ院長は「逃亡犯」にされたのか　見捨てられた原発直下「双葉病院」恐怖の7日間』、『平成経済事件の怪物たち』、『腐った翼　JAL65年の浮沈』、『総理の影　菅義偉の正体』、『日本の暗黒事件』、『高倉健　七つの顔を隠し続けた男』、『地面師　他人の土地を売り飛ばす闇の詐欺集団』など多数。

官《かん》邸《てい》官《かん》僚《りょう》 安倍《あべ》一強《いっきょう》を支《ささ》えた側近政治《そっきんせいじ》の罪《つみ》

2019年5月30日　第1刷発行
2019年6月20日　第2刷発行

著　者　森《もり》 功《いさお》

発行者　飯窪成幸

発行所　株式会社 文藝春秋

〒102-8008　東京都千代田区紀尾井町3-23
電話　03-3265-1211（代表）

印　刷　所　理想社
付物印刷所　大日本印刷
製　本　所　大口製本

ISBN978-4-16-391027-7